International Trade Payment

무역대금결제론

박복재 저

전남대학교출판부

서문 PREFACE

국제무역(International Trade)이 국민생활에 가장 중요한 경제활동이라는 것은 두말 할 나위가 없다. 특히 우리나라처럼 원료나 자원이 부족한 국가로서는 외국으로부터 원료를 사들여 이것을 가공한 제품을 해외에 판매하여 국부의 창출과 국민의 후생증진에 기여하여야 한다. 그러나 국제무역은 국내거래와는 달리 거래의 당사자인 수출입업자가 서로 다른 국가에서 영업하고 있기 때문에 물품인도와 인수 및 대금결제 간에 시차가 발생한다. 이로 인해 발생할 수 있는 많은 위험과 문제가 있다.

일반적으로 무역거래에서 수출업자는 대금회수불능의 위험에 처할 수 있고, 반면 수입업자는 원하는 계약물품을 적기에 공급받을 수 있느냐 하는 상품입수불능의 위험에 직면할 수 있다. 이와 같은 불안을 신용위험(credit risk)라고 부른다. 국내의 매매에서도 같은 위험이 있지만 무역의 경우에는 그 위험이 크고 예측하기 힘들며 복잡하다. 무역대금결제에서는 이 신용위험에 어떻게 대처할 것인가 하는 점이 매우 중요한 과제이다.

최근 전통적인 무역대금 결제방식인 신용장(L/C)과 추심(D/P, D/A) 거래방식이 송금거래방식으로 바뀌는 등, 수출입 결제방식의 패러다임이 변화되고 있다. 이는 정보기술(IT) 산업과 인터넷의 발달로 L/C나 D/A 보다 송금방식이 높아지고 있기 때문이다. 국제무역 시장에서 신용위험을 회피하기 위하여 신용장이나 추심결제 방식이 필요한 것은 사실이지만 무역대금결제 방식이 외상거래로 바뀌고 있어 앞으로 이들 거래방식의 비중은 점점 축소될 것으로 보인다.

본서는 국제무역의 대금결제방식과 국제상업회의소(ICC)의 '화환신용장통일규칙 및 관례(UCP 600)'에 관한 내용을 담고 있다.

제1장에서는 무역대금결제의 기초부분으로서 송금, 무신용장(추심결제방법; D/P, D/A), 신용장, 국제팩토링(Factoring) 결제, 포페이팅(Forfaiting) 등을 설명하고 있다. 제2장에서는 중요한 결제수단인 신용장, 제3장에서는 신용장 관련선적서류, 제4장에서는 수입대금결제와 선적서류 인도에 관하여 다루고 있다. 제5장에서는 ICC의 2007년 개정 UCP600을 이해할 수 있도록 번역·설명하고 있다.

본서의 독자로서는 대학교에서 무역상무론, 대금결제론, 무역운송론, 국제물류론 등을 공부하고 있는 연구자·학생, 은행, 보험회사, 선박회사, 항만 및 세관관계자 등 무역업무 실제 관련자, 중소기업의 무역업무 담당자 등을 염두에 두고 있다. 국제무역의 전문가가 되고자 한다면 무역실무에 대한 이해는 물론이고 특히 무역대금결제에 대한 이해가 매우 중요하다.

저자는 본서를 통해서 독자들이 무역대금결제에 대한 심도 깊은 이해를 바탕으로 무역실무 거래의 전문적 능력을 길러서 국제무역의 현장에서 중추적인 역할을 할 수 있기를 진심으로 기원한다.

본서를 집필하는데 전남대학교 문화사회과학대학의 선배·동료 교수님들의 따뜻한 격려는 큰 밑거름이 되었다. 그리고 본서의 출판에 각별한 정성을 보여주신 전남대학교출판부 관계자분들께 깊은 감사를 드린다. 끝으로 본서를 발간하는데 정신적 도움을 준 가족들 그리고 모든 제자들에게도 사랑의 마음을 전한다.

2015년 立春
白雪이 덮인 無等山을 바라보며
저자

차례 CONTENTS

그림차례

제1장 국제무역의 대금결제방식

제2장 신용장

제3장 신용장 관련 선적서류

제4장 수입대금 결제와 선적서류 인도

표차례

제1장 국제무역의 대금결제방식

제2장 신용장

제3장 신용장 관련 선적서류

제4장 수입대금 결제와 선적서류 인도

제5장 신용장 통일규칙(UCP 600)

예시차례

제1장 국제무역의 대금결제방식

제3장 신용장 관련 선적서류

제4장 수입대금 결제와 선적서류 인도

제1장

국제무역의 대금결제방식

1. 무역거래와 신용위험
2. 수출대금 결제방법의 종류와 변화
3. 송금에 의한 결제
4. 신용장에 의한 결제
5. 추심(D/P, D/A) 결제
6. 국제팩토링 및 국제포페이팅
7. 수출입대금 결제방법
8. Trade Card와 Bolero
9. 해외미수채권의 추심과 환리스크 관리

IDEA

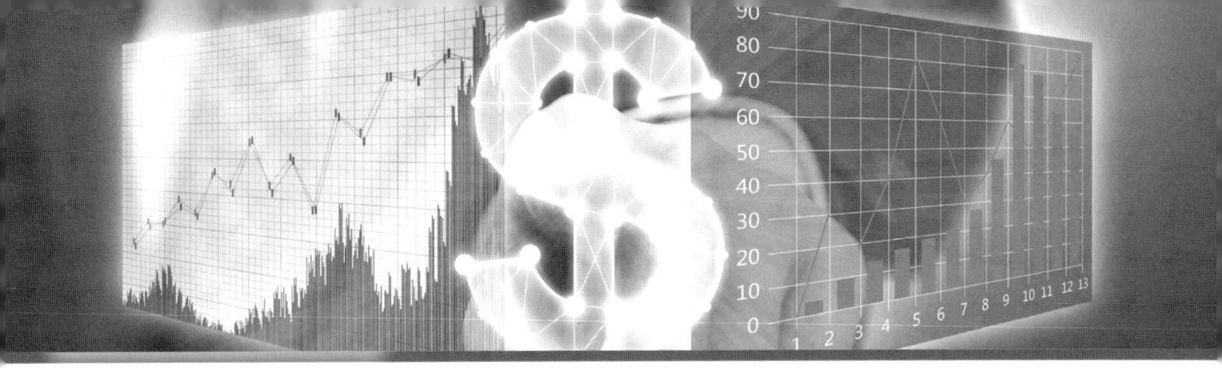

제1장 국제무역의 대금결제방식

1. 무역거래와 신용위험

국제무역은 국가간에 물품을 사고파는 국제상거래를 통하여, 관련 당사자들에게 이익을 제공하고 국민의 후생증진에 기여하지만 국내거래와는 달리 커다란 위험 속에서 이루어진다. 이것은 무역이 다음과 같은 특징을 가지고 있기 때문이다.[1]

첫째, 서로 다른 국가에서 영업하고 있는 당사자 간의 국제매매라는 점이다.

둘째, 기업 간의 거래가 대형화, 거액화, 그리고 교섭으로부터 이행완료까지 장기간이 걸린다는 점이다.

셋째, 무역거래를 규율하는 국제적인 통일법이나 규칙이 충분히 정비되어 있지 않고 관습적 규칙이나 표준약관 등을 바탕으로 한 개별 계약에 의한 결정이 중시된다는 점이다.

무역상무(貿易商務)는 아래의 국제무역의 위험에 어떻게 대처할 것인가를 기업을 비롯한 국제무역 당사자들이 수백 년 동안 시행착오를 거쳐서 연구하고 실천해 온 무역거래 실무의 체계인 것이다. 그 바탕에는 국제매매론, 무역과 관세 등에 관한 국가의 규제법이나 규칙 등이 있다.[2]

[1] 椿 弘次, 「入門·貿易實務」, 日本經濟新聞社, 2001, pp.15-26.

[2] 박복재, 「무역상무론」, 전남대학교출판부, 2014, pp.27-28.

무역은 서로 다른 국가 사이의 거래로서 국가별로 국내법과 상관습이 달라서 무역거래시 무역당사자들 간에 오해와 갈등이 발생할 여지가 충분히 있다. 원활한 무역거래를 위해 국제상업회의소(ICC)와 UN 등에서는 인코텀즈(Incoterms)나 신용장통일규칙(UCP) 및 각종 표준계약서 등을 제정·시행하고 있다.[3]

국제무역거래의 경우 국내물품매매와는 달리 거래의 당사자인 수출입업자가 서로 다른 국가에서 영업하고 있기 때문에 물품인도와 인수 및 대금결제 간에 시차가 발생한다. 이로 인해 발생할 수 있는 많은 위험과 문제가 있다.

일반적으로 무역거래에서 수출업자는 대금회수불능의 위험에 처할 수 있고, 반면 수입업자는 원하는 계약물품을 적기에 공급받을 수 있느냐 하는 상품입수불능의 위험에 직면할 수 있다.[4] 이와 같은 불안을 신용위험(credit risk)라고 부른다. 국내의 매매에서도 같은 위험이 있지만 무역의 경우에는 그 위험이 크고 예측하기 힘들며 복잡하다.

무역상무에서는 이 신용위험에 어떻게 대처할 것인가 하는 점이 매우 중요한 과제이다.

당사자가 수출입 대금결제방식을 선택하는 기준으로 상호간의 신뢰, 상대방의 신용, 상품의 특성, 상거래 관습, 당사자의 협상력, 해당 국가의 수출입규제, 국가위험 등을 종합적으로 고려하게 된다. 이렇게 선택된 대금결제 방식은 통상적으로 매매계약서(sales contract), 청약서(offer sheet), 주문서(order sheet) 등의 지급조건(terms of payment)에 명시되며, 실무적으로는 이들 서류들을 근거로 거래은행과의 '환거래약정'을 체결하여 진행하게 된다.

대금결제방식에는 주로 송금, 무신용장(추심결제방식 ; D/P, D/A), 신용장 이외에도 국제팩토링(international factoring), 포페이팅(forfaiting), 신용

---

[3] 박광서 외 1인, 「무역실무」, 한국무역협회, 2012, pp.21-24.

[4] 박대위·구종순, 「무역개론」, 유원북스, 2012, p.366.

카드(credit card), 국제리스(international lease), 에스크로우(escrow), 전자결제(e-payment), 페이팔(paypal) 등이 존재한다.

2. 수출대금 결제방법의 종류와 변화

가. 수출대금 결제방법의 종류

수출대금 회수방법에는 첫 번째 수출자가 선적 후 선박회사로부터 선하증권(B/L) 등을 수취한 후 화환신용장에서 요구되는 선적서류를 갖추어 화환어음을 발행하고 그것을 외국환은행에 매입을 의뢰하는 방법과두 번째 무신용장(추심결제방법 ; D/P, D/A)에 의한 대금추심방법과 세 번째 송금방식에 의한 대금회수방법 등 세 가지가 있다.

이 세 가지 방법 이외에도 국제팩토링(Factoring) 결제, 포페이팅(Forfaiting), 선적통지결제(O/A ; Open Account) 등이 있다.

그림 1-1 수출대금 회수방법

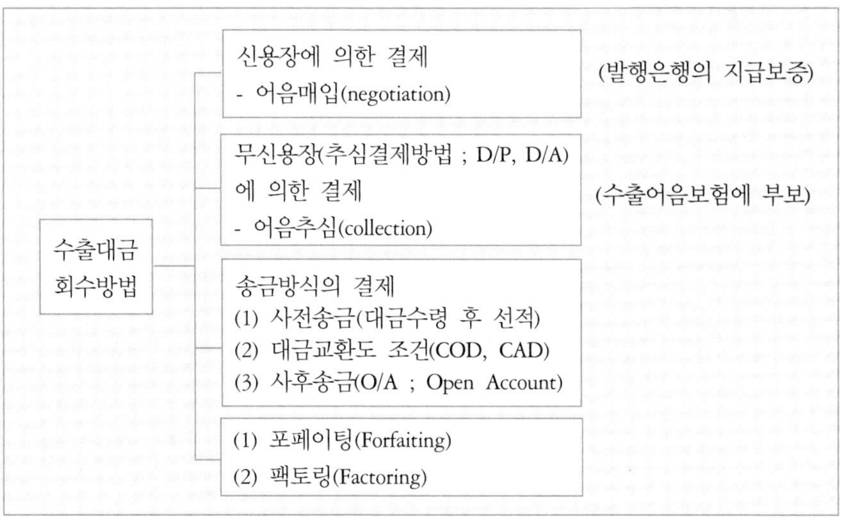

나. 수출입 결제 패러다임의 변화

수출입 결제방식의 패러다임이 변화되고 있다. 전통적인 무역거래방식인 신용장(Letter of Credit; L/C)과 추심결제(D/P, D/A) 거래방식이 송금거래방식으로 바뀌고 있다. 2012년의 신용장(기한부, 일람출급포함)방식은 전체 수출의 13.7%, 송금방식(T/T, COD 등)을 통한 수출은 63.6%를 차지하였다. 수입결제에서도 송금방식은 꾸준히 증가하여 2012년 전체 수입대금결제에서 69.4%를 차지하였으나, 신용장과 추심결제 방식은 감소 추세를 보이고 있다.

이는 정보기술(IT) 산업과 인터넷의 발달로 L/C나 D/A 보다 송금방식이 높아지고 있기 때문이다. 국제무역 시장에서 신용위험을 회피하기 위하여 신용장이나 추심결제 방식이 필요한 것은 사실이지만 무역대금결제 방식이 외상거래로 바뀌고 있어 앞으로 이들 거래방식의 비중은 점점 축소될 것으로 보인다.[5]

표 1-1 수출입 대금결제 방식의 비중

(단위 : %)

결제방식	수 출				수 입			
	2009년	2010년	2011년	2012년	2009년	2010년	2011년	2012년
송 금	59.9	60.2	62.4	63.6	64.1	66.2	68.0	69.4
신용장	16.4	15.6	15.0	13.7	25.2	23.5	23.0	21.4
추 심	6.6	7.3	8.2	9.4	3.6	3.5	3.1	3.2
기 타	17.2	16.9	14.3	13.3	7.1	6.8	5.8	6.0

또한 신용장이나 추심결제 방식의 거래가 줄어드는 것은 송금방식에 비해 절차가 복잡하고 은행비용도 많이 드는 것도 하나의 이유이다.

신용장 방식은 신용장 개설을 위해서 은행에 신청서를 제출하고, 물품을

[5] 박복재, 「전게서」, pp.137-138.

인수할 때에도 은행에서 선적서류를 찾아와야 하는 등 절차가 복잡하고 수수료나 담보 등의 비용부담도 적지 않다. 최근 글로벌 시장에서는 제품 간 경쟁이 치열해지고 그에 따라 수익률도 줄어들어 수입업자들이 금융비용 등을 줄이려는 시도를 하고 있다.

3. 송금에 의한 결제

송금에 의한 결제에는 대금의 지급인인 수입자가 은행(송금은행)에 의뢰하여 수출자에게 수입대금을 송금하는 방법이다. 송금은 신용장(L/C)결제나 대금추심(D/A, D/P)결제와는 달리 절차가 간단하고 수수료도 적게 들지만 과연 수입자가 계약대로 송금해 주는가는 전적으로 수입자인 송금자의 의사에 달려 있다는 위험이 있다. 따라서 매매당사자간에 신뢰관계가 있는 경우에 사용된다. 송금방식에는 ① 송금수표(D/D; Demand Draft) ② 우편송금(M/T; Mail Transfer) ③ 전신송금(T/T; Telegraphic Transfer) 세 가지가 있다.

가. 송금방식

1) 송금수표(D/D ; Demand Draft)

송금은행은 수입자로부터 송금수표의 의뢰를 받으면 환거래은행(Correspondent)인 지급은행(송금수표에 표시된 은행) 앞으로 된 송금수표를 작성하고 송금의뢰자인 수입자에게 교부한다. 수입자는 그 수표를 직접 수취인인 수출자에게 우송하고 수출자(수취인)는 송금수표상에 표시된 지급은행에 제시하고 송금대금을 지급하도록 요청한다. 지급은행은 송금은행(송금수표 발행은행)으로부터 우송되어온 송금수표 발행통지서와 대조한 다음 수출자(수취인)에게 대금을 지급한다.

D/D(Demand Draft)는 본래는 일람출급어음을 가리킨다. 오히려 송금

에 환어음이 사용되고 있기 때문에 이 명칭을 사용하고 있는데 오늘날에는 일반적으로 송금수표의 뜻으로 사용되고 있다. Money Order나 Cashier's Check도 송금수표로 불린다.

해외바이어들은 은행수표(D/D, Banker's Check)와 개인수표(Personal Check) 두 가지를 이용하고 있다. 은행수표(D/D)는 송금의뢰자인 수입자가 통상 수표대금을 은행에 지급한 후 송금은행이 수표를 작성해서 송금의뢰자에게 수표를 교부하므로 부도(dishonor)가 발생할 위험이 없다. 그러나 개인수표는 부도가 발생할 위험이 있다. 개인수표(Personal Check)는 자신의 계좌를 보유하고 있는 은행으로부터 수표책을 받아 누구나 발행할 수 있으므로 잔고부족으로 부도가 발생할 우려가 있다. 추심기간도 1~2개월 정도가 걸린다.

개인수표의 경우 추심 후 수표대금이 자기계좌로 입금된 후에 선적해야 한다. 단골거래처 이외에 신규거래처하고는 개인수표를 이용하지 않는 것이 안전하다.

그림 1-2 송금수표(D/D)에 의한 송금

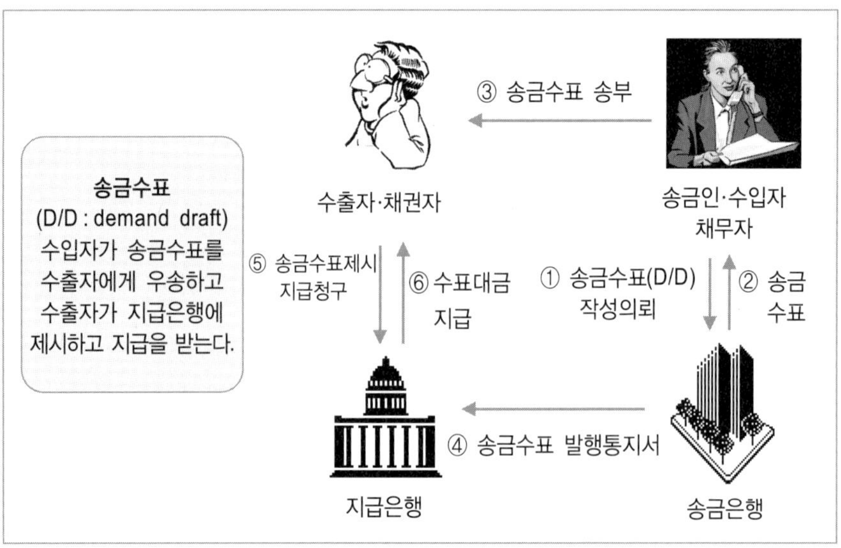

2) 우편송금(M/T ; Mail Transfer)

수입자(송금의뢰인)가 송금해야 될 금액을 송금을 의뢰하는 은행(송금은행)에 지급한다. 송금은행은 지급은행(해외환거래은행, 자기은행 해외지점)에 대하여 소정의 금액을 지급하도록 지급지시서(Payment Order)를 우편으로 송달한다. 지급은행은 그 지급지시서에 의하여 수출자(수취인)의 예금계정에 송금대금을 입금시키고 수취인에게 지급받도록 통지한다.

우편송금환을 이용하려는 경우 지급은행에 수출자(수취인)의 예금계정이 개설되어 있어야 한다. 소액송금이나 급하지 않은 송금에 주로 이용된다.

그림 1-3 우표송금의 흐름

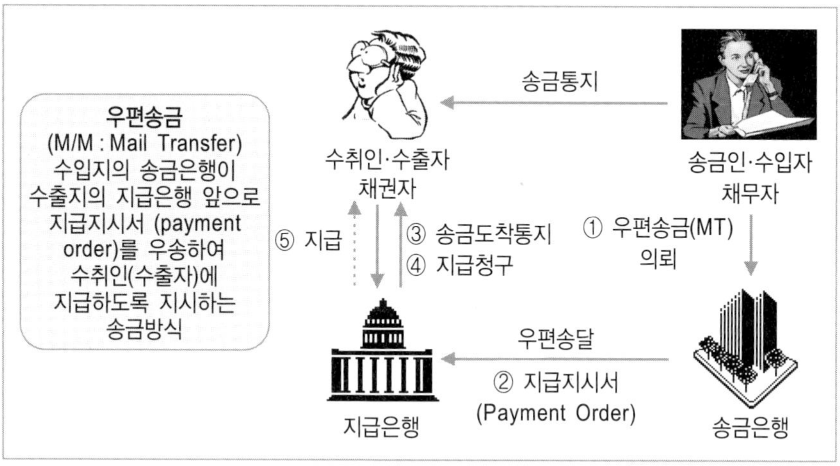

3) 전신송금(T/T; Telegraphic Transfer)

송금인(수입자)의 의뢰에 따라 수입지의 은행(송금은행)이 수출지의 지급은행에 지급지시서(Payment Order)를 우편이 아닌 전신(Telegraphic)으로 송달한다는 점에서 우편송금(M/T)과 구별된다. T/T는 M/T보다 송금속도가 빠르다. 은행이 전신환(T/T) 송금대금을 매입할 때 전신환 매입율이 적용된다. T/T의 전신료는 송금자가 부담한다.

전신(Telegraphic)방식은 종전에는 telex방식을 주로 이용하였는데 최근에는 SWIFT 방식을 주로 이용하고 있다. SWIFT(Society for Worldwide Interbank Financial Telecommunication)는 국제은행간 자금결제 통신망을 말한다. SWIFT도 T/T처럼 결제수단의 한 방법이고 송금, 추심, 신용장개설 등을 신속하고 저렴하게 처리할 수 있다.

T/T 방식으로 수출대금을 영수하려는 경우 해외수입자에게 자사의 은행계좌와 SWIFT Code를 알려주어야 한다. SWIFT Code를 알면 SWIFT 가맹은행 사이에 송금할 때 송금업무를 간단하고 신속하게 처리할 수 있다. 최근에는 수출입대금결제에서 신용장방식보다 T/T방식이 더 많이 사용되고 있다.

그림 1-4 T/T송금의 흐름

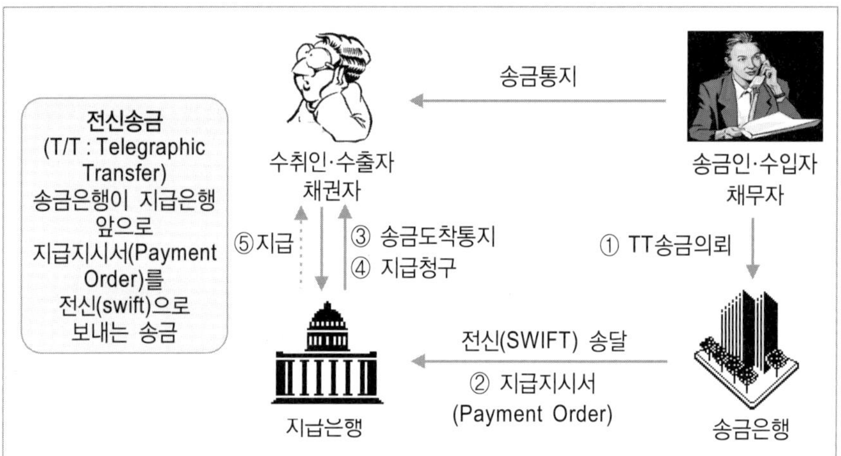

나. 상품인도시기별 송금방식

송금방식에 의한 결제는 수입자가 언제 송금하는가에 따라 (1) 상품을 인도받기 전에 송금하는 방식 (2) 상품을 인도받은 후에 송금하는 방식 (3) 상품의 인도와 동시에 송금하는 방식 세 가지가 있다. 즉, (1) 사전송금방식(Advance payment) (2) 서류인도(상환)결제방식(CAD ; Cash Against

Documents) (3) 상품인도 후(동시)결제방식(COD ; Cash on Delivery) (4) 사후송금(선적통지결제)방식(O/A ; Open Account)이 있다.

1) 사전송금방식(Advance Payment)

수출계약과 동시에 수출자는 수출대금을 수입자로부터 T/T 또는 수표 등으로 송금받고 선적하는 결제방법이다. 즉 수입자가 선적전에 먼저 수출대금의 전액을 T/T 또는 수표 등으로 수출자에게 미리 송금하여 지급하고 수출자는 무역계약서에 명시된 선적기간내에 제품을 제조하여 선적하는 방식이다.

그림 1-5 사전송금방식의 흐름

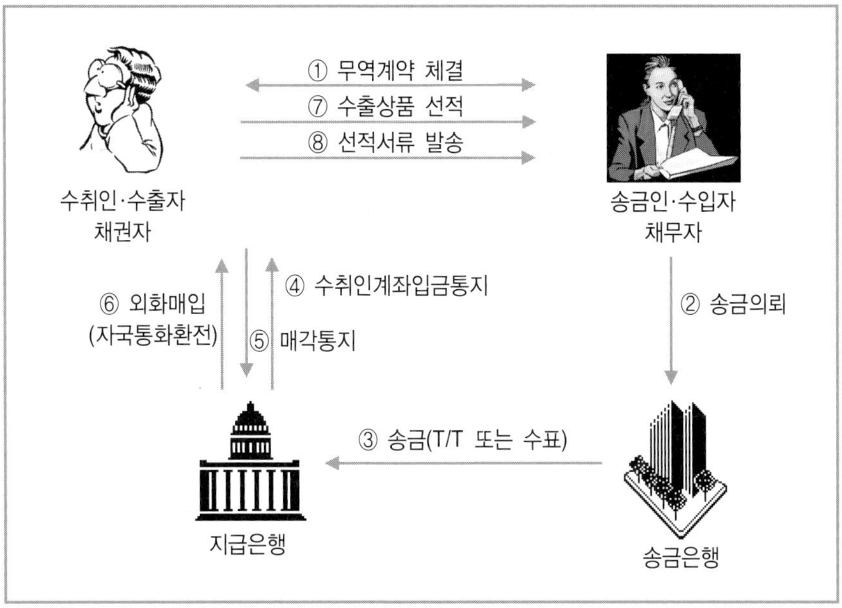

① 수출자와 수입자 사이에 무역계약을 체결한다.
② 수입자(송금인)가 자기의 거래은행(송금은행)에 무역계약서에 표시된 금액(수입대금)을 T/T 또는 수표로 송금하도록 의뢰한다.
③ 수입자의 거래은행(송금은행)이 수출자(수취인)의 거래은행(지급은행) 앞으로 송금한다.
④ 수출자의 거래은행(지급은행)이 수출자(수취인)에 수취인계좌 입금통지를 보낸다.
⑤ 수출자가 자기의 거래은행(지급은행)에 외화를 자국 통화로 환전하기 위하여 매각한다.
⑥ 수출자의 거래은행(지급은행)은 외화를 매입하고 자국통화로 환전해준다.
⑦ 수출자는 수출품을 통관하고 선적한다.
⑧ 수출자는 선적서류를 수입자에게 직접 송부한다.

무역계약서의 지급조건(Payment Terms)에는 “Remittance in advance by SWIFT to seller's account No.87677 with Korea Exchange Bank, Samilro Branch 등으로 기재된다.

사전송금방식은 수출자가 수출대금을 미리 받으므로 수출자에게 유리한 대금결제방식이다. 이 방식은 소액수출입거래에서 주로 이용되고 있다. 수출자는 품질과 가격면에 경쟁력이 있는 수출상품을 수출하는 경우 해외바이어는 사전송금방식의 거래도 거절하지 않을 것이다. 그러나 수입자의 입장에서는 상품을 인도받기 전에 먼저 대금을 지급하므로 상품이 과연 계약대로 도착될 수 있는지가 염려가 된다. 따라서 수입자는 수출자와 오랫동안 거래를 해온 경우나 수출자를 신뢰할 수 있는 경우에만 사전송금방식에 의한 거래를 해야 한다.

2) 서류인도(상환)결제방식(CAD ; Cash against Documents)

수출자는 선적을 한 후 선적서류를 직접 수입자에게 인도하거나 수입자의 대리점이나 거래은행에 제시하여 서류와 상환으로 수출대금을 지급받는다. 수출자가 수입자에게 은행을 경유하여 선적서류를 인도할 경우 수입자가 상품대금을 지급한 후 수입자에게 선적서류를 인도하도록 은행에 지시해야 한다. 수출자가 선적서류를 우편으로 수입자에게 보내는 경우 수입자가 대금을 지급하지 않을 위험이 있다. 수출지에 수입자의 대리점이 있는 경우 수출자가 직접 그 대리점에 선적서류를 인도하면서 대금을 결제받는다. 이러한 경우 수입자의 대리인이 상품이 계약내용과 일치하는가를 점검하고 아울러 수입자에게 보내는 선적서류의 내용을 점검한 다음 이 선적서류를 수입자에게 보내면 수입자는 선적서류와 상환으로 수출자에게 대금을 지급한다.

수입자의 신용상태가 좋다면 수출자에게 유리한 대금결제방식이다. 수입자를 신뢰할 수 있고 수출지에 수입자의 대리점이 없는 경우 다음과 같은 절차로 거래가 이루어진다.

수출자는 수입자와 수출계약을 체결하고 수출품을 선적한 후 선적서류를 수입자에게 우송한다. 수입자는 수출자가 보낸 선적서류로 수입통관을 한 후 상품을 인수한다. 수입통관 후 제품이 계약내용과 일치하면 대금을 수출자에게 송금한다. 제품에 하자가 있으면 수출자에게 직접 제품검사를 하게 한다.

3) 상품인도(상환)결제방식(COD ; Cash on Delivery)

수출자가 보낸 수출물품이 수입자에게 도착되면 수입자가 직접 상품의 품질을 검사한 후 수입대금을 상품과 상환으로 현금지급하는 방식이다. 수입지에 수출자의 대리인이 있는 경우 수출자가 그 대리인에게 선적서류를 보내고 상품이 목적지에 도착하면 수입자가 상품을 검사한 후 상품을 인도받고 대금을 수출자의 대리인에게 지급하는 방식이다.

중소수출업체들은 수입지에 대리인이 없는 업체가 많으므로 현재 실제로 이용되고 있는 COD의 거래방법은 다음과 같다.

① 선적준비 완료를 알리고 수입자로부터 T/T입금 또는 T/T송금 확인 후 선적하는 경우

수출자가 수입자와 수출계약을 체결한 후 선적준비가 완료되었음을 수입자에게 알리면 수입자는 즉시 전신송금(T/T)을 한다. 수입자로부터 송금금액이 수출자 계좌에 입금확인 후 또는 송금완료를 확인하는 bank slip를 수취한 후 상품을 선적한다. 수출자는 선적을 하자마나 선적서류를 수입자에게 발송한다. 위조된 bank slip를 보내주는 수입자도 있으므로 수출자는 주의해야 한다.

② 선적하자마자 선적서류를 수입자에게 보낸 후 즉시 송금을 요청하는 경우

수출자는 수입자와 수출계약을 체결한 후 상품을 선적하자마자 수입자에게 즉시 송금하도록 요구하면서 선적서류를 발송한다. 수입자는 즉시 송금한다. 이 방식은 수출자가 수입자를 신뢰하는 경우에만 사용할 수 있다.

③ 선적한 후 T/T입금 확인하자마자 선적서류를 발송하는 경우

수출자가 수입자와 수출계약을 체결하고 선적준비가 끝났음을 수입자에게 알리고 즉시 송금을 요청한다. 수출자는 선적한 후 선적서류를 보관하고 수입자가 T/T입금한 것을 확인한 후 수입자에게 선적서류를 발송한다.

위의 세 가지 방식의 COD는 사전송금방식 및 CAD방식과는 구별된다.

4) 사후송금(선적통지결제)방식(O/A ; Open Account)

O/A방식이란 물품을 선적한 수출업체가 선하증권(B/L) 등 선적서류를 직접 수입업체에 보낸 후 은행에 선적서류 사본을 제출하고(B/L 번호를 EDI로 전송하는 것도 포함) 수출대금을 미리 받는 방식이다. 선적서류가 은행을 경유하지 않는 데다 환어음이 발행되지 않는다는 점에서 기존의 D/A(환어음), L/C(신용장)와 다르고 또 수입자가 송금하지 않았지만 미리 은행에서 수출대금을 받을 수 있다는 점에서 T/T(단순송금)거래와 다르다.

즉 선적서류 처리 등의 시간과 금융비용을 대폭 줄일 수 있는 것이 O/A 거래의 장점이다. O/A거래는 이와 함께 전자무역 을 촉진시킨다. 수출업체가 은행에 선적서류 사본을 제출하지 않고 은행과 관세청을 연결하는 EDI를 통해 관련데이터를 송수신함으로써 은행 - 기업간 뱅킹이 촉진될 수 있다. 수출보험공사로 1998년부터 O/A거래를 수출로 인정하여 보험서비스를 해주고 있다.

O/A는 수출자가 수입자에게 신용을 공여하는 거래형태이므로 무역계약서의 Payment Terms의 항목에 Buyer shall remit by TT within 20 days after the date of B/L issuance 등으로 기재한다.

O/A방식은 선적통지결제나 무서류 매입방식 등으로도 불리워지고 있다. 이 O/A방식은 수출자 입장에서는 조기에 현금을 확보할 수 있고 인수도(D/A)조건과는 달리 환어음을 발행하지 않고 선적서류 송부도 은행을 경유할 필요가 없어 시간과 인력을 절감시킬 수 있다. 그러나 현재 이 방식을 통한 거래가 허용된 기업은 은행별로 10대 계열기업군 등 일부업체로 제한되어 있다.

| 표 1-2 | 대금결제방식의 비교

	L/C	D/P, D/A	송 금 방 식		
			COD	CAD	T/T in Adance
수출자에 유리한 점	대금회수가 보장됨	대금회수가 보장안됨	대금회수 보장안됨	대금회수 보장안됨	대금회수 보장됨
수입자에 유리한 점	상품인수가 보장됨	선적확인 품질 불확인	상품인수가 보장됨	상품인수가 보장됨	상품인수가 보장안됨
대금지급보증	신용장 발행은행	없음	은행, 개인	은행, 개인	은행, 개인
결제용 서류	환어음 선적서류	환어음 선적서류	선적서류	선적서류	선적서류

그림 1-6 SWIFT방식에 의한 송금절차

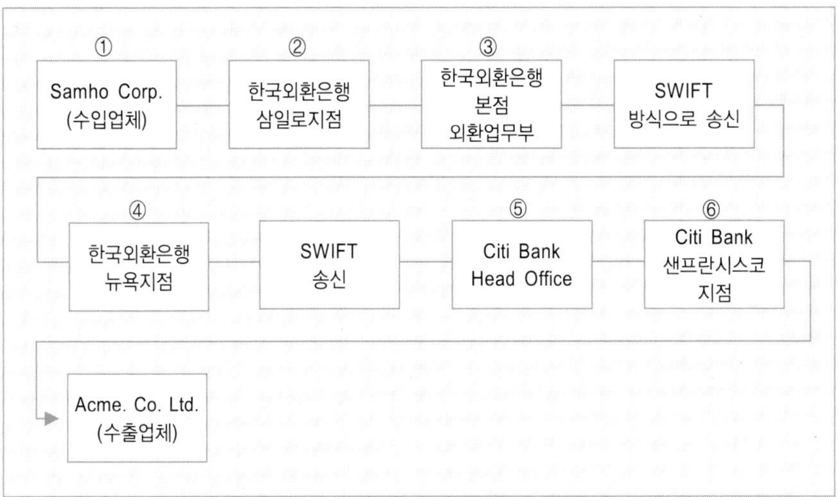

① 한국의 수입업체인 Samho Corp.는 한국외환은행 삼일로지점에 송금을 의뢰한다.
② 한국외환은행 삼일로지점은 본점 외환업무부에 송금을 의뢰한다.
③ 한국외환은행 본점은 뉴욕지점으로 송금내용을 SWIFT로 송신한다.
④ 한국외환은행 뉴욕지점은 Citi Bank Head Office로 송금내용을 SWIFT 방식으로 송신한다.
⑤ Citi Bank Head Office는 Citi Bank 샌프란시스코지점으로 송금내용을 자동전산시스템으로 송신한다.
⑥ Citi Bank 샌프란시스코지점은 수출업체인 Acme Co. Ltd.에 입금내용을 통보한다.

4. 신용장에 의한 결제

가. 신용장에 의한 선적서류 매입

1) 매입의뢰

수출업자는 수출품을 통관한 후 통관필수출품을 본선에 선적하고 수출신용장과 일치되는 선적서류를 정비한 다음 이것을 첨부하여 화환어음을 발행하고 거래은행(매입은행)에 제출하여 선적서류 첨부 화환어음의 매입을 의뢰한다. 수출업자는 거래은행에 선적서류의 추심을 의뢰할 수 있으나 오늘날 수출대금의 결제는 선적서류를 거래은행(매입은행)에 매도하는 방법으로 이루어진다. 즉 수출업자는 선적서류의 매입의뢰절차를 통하여 수출대금을 회수하며 수출업자로부터 선적서류를 매입한 수출지의 매입은행(negotiating bank, remitting bank)은 그 선적서류를 수입업자의 거래은행인 신용장발행은행(issuing bank ; opening bank ; collecting bank)에 송부하여 수출대금을 지급받으면 수출대금 영수절차가 완료된다.

2) 지정은행과 수출환어음 거래의 약정

발행은행에 의해서 매입의 수권을 받은 지정은행(매입은행)은 서류를 매입한다. 지정은행은 신용장조건을 충족시키는 서류를 제시받아 매입하면 동은행은 신용장의 지정에 따라 발행은행에 상환청구(reimbursement claim)를 할 수 있다.

신용장조건을 충족시킨 서류를 매입한 지정은행(매입은행)은 발행은행의 파산 등의 사태나 발행은행의 소재국의 누적채무 등의 사정으로 예정대로 상환을 받지 못하게 되는 경우도 있을 수 있다. 따라서 우리나라에 있어서 지정은행으로서 매입(지급)을 한 은행은 신용장에 의거한 매입이라도 이것을 수익자에 대한 신용공여(여신행위)로 간주하여 매입은행은 환어음의 발행인인 수익자로부터 매입에 따르는 사항을 약정한 화환어음 거래약정서(General Letter of Hypothecation)를 징구한다.

수출환어음의 매입신청은 반드시 외국환은행과의 수출화환어음약정이 선행되어야 하고, 이 약정에 의거하여 외국환은행은 환어음 및 서류를 매입한다.

3) 매입은행에 의한 신용장과 선적서류와의 대조

수출자가 신용장에 의해 요구되는 계약물품의 선적을 완료하고 신용장조건과 일치하는 환어음 및 선적서류를 작성하여 매입은행에 제시할 때 매입은행은 신용장과 선적서류를 대조하고 불일치가 없으면 매입한다.

매입은행은 먼저 상업송장면의 기술이 신용장조건과 일치하는가를 확인하고 상업송장과 나머지 서류 즉 어음, 운송서류, 보험서류 및 기타서류가 일치하는가를 확인한다. 서류 상호간의 불일치는 신용장조건을 충족하지 못한 하자로 간주되어 매입은행은 선적서류의 매입을 거절한다.

수출업자는 선적서류의 매입을 의뢰할 때 선적서류가 신용장조건과 일치하고 있는지 또는 선적서류 상호간의 모순된 사항이 없는지를 점검해야 한다.

상업송장, 선하증권, 항공화물운송장, 보험증권 및 기타서류의 Checkpoint는 다음과 같다.

① 상업송장(Commercial Invoice)의 Checkpoint

(i) 2007년 개정 신용장통일규칙에 규정된 상업송장의 수리조건을 충족시키고 있는가.

(ii) 상업송장의 통수는 신용장의 요구대로인가.

(iii) 신용장 발행의뢰인 앞으로 작성되어 있는가.

(iv) 서명할 필요가 없으므로 check할 필요가 없다.

(v) 신용장이 양도되지 않는 경우 송장의 작성자(수익자)와 어음발행인이 일치하고 있는가(신용장이 양도되는 경우 제2수익자가 상업송장을 작성한다.)

(vi) 송장금액은 정확하게 계산되어 있는가 또는 합계금액은 신용장금액 범위내인가.

(vii) 상품의 기술(記述) 또는 명세는 신용장의 기술과 일치하고 있는가.

(viii) 송장의 case mark(하인), 선박명, 선적지 등 각 기술사항이 기타 선적서류와 일치하고 있고 서류 상호간에 모순이 없는가.

② 선하증권(B/L)의 Checkpoint

(i) 2007년 개정 신용장통일규칙에 규정된 B/L 발행조건을 충족시키고 있는가.

(ii) 신용장이 전통(full set)의 B/L을 제시하도록 요구하고 있는 경우 전통이 정비되어 있는가(통상 B/L은 3통이 한 벌인데 경우에 따라 2통이 한 벌인 경우가 있다). 선하증권은 당해상품의 소유권을 표시하는 유가증권이고 은행은 최종적으로 수입업자로부터 대금을 회수할 때까지의 담보로서 보관하므로 신중하게 취급해야 한다.

(iii) B/L 면에 운송인의 명칭이 표시되어 있고 운송인, 운송인의 지정대리인 또는 선장, 선장의 지정대리인이 서명하거나 정규(正規)의 것으로 증명된 B/L인가

(iv) B/L의 발행일, 발행통수 등 B/L의 필요 기재사항이 있는가.

(v) B/L의 수하인(consignee) 및 착하통지처(notify party)는 신용장조건과 일치하고 있는가.

(vi) 운임의 지급에 대한 표시가 있고 신용장조건과 일치하고 있는가.

(vii) 무고장 B/L 인가.

(viii) 선적선하증권(On Board B/L) 인가, 수취선하증권(Received B/L)의 경우 선적부기(on board notation)가 기재되어 있는가.

(ix) B/L의 작성일은 L/C의 선적기한내 인가.

(x) 지시식 선하증권(Order B/L)인 경우 백지배서(blank endorsement)식으로 L/C에 지정되어 있는가.

(xi) 적재항 출하지 등은 맞는가.

(xii) 신용장에서 용선계약 선하증권(Charter Party B/L)을 요구하는 경우 2007년 개정 신용장통일규칙에 규정된 은행이 수리할 수 있는

발행조건과 일치하고 있는가.

(xiii) 신용장에서 운송주선인발행 선하증권(Freight Forwarder's B/L)을 요구하는 경우 동 규칙에 규정된 은행이 수리할 수 있는 발행조건과 일치하고 있는가.

(xv) 신용장에서 우편소포수취증(post receipt) 또는 우송증명서(certificate of posting)를 요구하는 경우 동 규칙에 규정된 은행이 수리할 수 있는 발행조건과 일치하고 있는가.

③ 항공화물운송장(Air Waybill : AWB)의 Checkpoint

먼저 항공화물운송장은 B/L과는 본질적으로 다르다는 것을 인식할 필요가 있다. B/L은 유가증권으로서 여러 가지 성질을 가지고 있지만 항공화물운송장은 원래 수출업자가 자기가 수출하는 화물의 명세를 항공회사 소정의 항공화물운송장에 기입하여 항공회사에 제출하고 운송계약을 체결한 항공회사가 화물을 수취·수송하는 것을 약정한 증거서류에 지나지 않는다.

국제항공화물의 운송에 대해서는 기본적인 조약으로서 Warsaw 조약이 있고 이 조약에 따라 운영되고 있다. 항공화물운송장에는 항공기를 보유하고 있는 항공회사가 발행한 것과 항공기를 보유하고 있지 않은 국제항공혼재업자(consolidator)나 IATA(국제항공운송협회) 가맹대리점이 발행한 것 등이 있다. 2007년 개정 신용장통일규칙에는 신용장이 항공운송서류를 요구하는 경우 은행이 수리할 수 있는 그 서류의 발행요건을 규정하고 있다. 따라서 항공화물운송장이 이 발행요건과 일치하고 있는가를 체크해야 한다.

항공화물운송장의 기재사항의 check는 B/L과 동일한 요령으로 하면 된다.

④ 보험증권(Insurance Policy))의 Checkpoint

(i) 2007년 개정 신용장통일규칙에 규정된 은행이 수리할 수 있는 보험서류의 발행요건을 충족시키고 있는가.

(ii) 보험증권이 다음과 같은 법정기재요건을 구비하고 있는가. 법정기재요건은 다음과 같다. ① 보험의 목적, ② 보험자가 부담하는 위험, ③ 보험금액, ④ 보험료 및 지급방법, ⑤ 보험계약자의 성명

또는 칭호, ⑥ 보험계약일자, ⑦ 보험증권의 작성지 및 작성일자 이 밖에도 보험특유의 조건에도 주의해야 한다.

(iii) 보험증권의 발행통수를 check 한다. 통상 2통은 제시하는데 2통이 제시되어 있는가.

(iv) 보험증권의 발행회사명 및 서명은 있는가.

(v) 신용장조건대로 배서가 되어 보험금청구권이 정당한 소지인에게 양도되도록 되어 있는가.

(vi) 신용장에서 요구하고 있는 최저부보금액이 확보되어 있는가(통상은 CIF 가격의 110%로 되어 있다.)

(vii) 면책위험(사고)으로 되어 있는 것이라도 신용장이 특히 부보해야 하는 위험으로 지정되어 있는 것이 보험증권표면에 기재되어 있는가.

(viii) 보험증권상의 통화가 신용장금액과 동일한 통화로 표시되어 있는가.

(ix) 보험구간이 B/L 기재의 사항과 일치하며 전 운송과정을 커버하고 있는가.

(x) 보험증권의 발행일이 선하증권의 발행일과 동일이거나 그 이전으로 되어 있는가.

(xi) 신용장에 기재되어 있는 부보해야 할 위험이 보험증권면에 기재되어 있는가.

⑤ 기타 서류의 Checkpoint

해상운송이 아닌 기타운송, 즉 항공운송 또는 육상운송의 방법으로 운송이 되는 경우 신용장에서 중량증명서(certification of weight)를 요구하는 경우가 있다. 이러한 경우에는 운송서류 이외의 중량증명서를 은행에 제시해야 한다.

이밖에 영사송장, 세관송장, 포장명세서, 원산지증명서, 검사증명서를 신용장에서 요구하는 경우 신용장조건과 일치하고 운송서류, 보험서류 및 상업송장과 상호모순이 없도록 작성하여 은행에 제시해야 한다.

4) 선적서류의 제시기간

신용장통일규칙(UCP 600)은 「운송서류를 요구하는 모든 신용장에는 서류제시를 위한 유효기한을 명시하는 것 외에 신용장조건을 충족하여 제시해야 하는 기간으로서, 선적일 이후의 특정 기간도 명시하여야 한다. 이러한 특정기간의 명시가 없을 때에는 은행은 선적일 후 21일을 경과한 후 제시된 서류를 거절한다. 어떠한 경우에 있어서도 서류는 신용장의 유효기한 내에 제시되어야 한다」고 규정하고 있다.

신용장에 선적일 이후의 특정 기간 내에 제시하도록 명시되어 있지 않은 경우 선적일 이후 21일 이내에 서류를 제시해야 되며, 21일 경과한 후 제시하였을 경우 신용장에 "stale bill of lading acceptable" 이란 문언을 명시해야 한다.

분할선적이 되었더라도 동일운송수단에 의하여 동일항해, 동일목적지로 운송되는 경우 분할선적으로 간주되지 않는다. 이러한 경우 선적일자는 여러 통의 운송서류 중에서 가장 늦게 선적된 일자를 선적일자로 간주한다.

5) 신용장조건 불일치 선적서류의 매입

수출자로부터 신용장조건을 충족시키지 못하는 서류의 제시를 받았을 경우에는 매입은행은 매입을 하여도 발행은행에 대해 정당하게 상환청구를 할 수 없다. 따라서 매입은행으로서는 서류의 정정(訂正)이 가능한 것은 수출자의 책임하에 정정시켜 신용장조건을 충족시키고 정정이 불가능한 것은 이것을 정정한 신용장조건변경통지서를 입수한 후 매입하는 것이 원칙이다. 그렇게 할 수 없으면 매입을 거절하던가 서류를 수출자에게 반송하던가, 대금추심으로 처리하게 된다.

그러나 실무상으로는 ① 매입은행측에서 신용장조건과 제시된 서류의 불일치(discrepancy ; 하자)를 열거하여 전신수단으로 발행은행에 연락하여 매입의 가부를 조회하고 발행은행으로부터 매입을 승낙한다는 취지의 회답을 입수한 후에 매입하는 「전신조회 매입」(Cable Negotiation ; Cable Nego)과

② 선적서류의 신용장조건불일치로 인하여 매입어음이 부도되어 반환되어 오는 경우 매입은행에 무조건 대금을 지급하겠다는 수출자의 각서(L/G ; Letter of Guarantee)를 청구하고 매입에 응하는 「보증서부 매입」(L/G Negotiation ; L/G Nego)과 ③ 유효기간 변경 후에 제시된 서류로서 부도 가능성이 많은 경우 또는 환거래가 없는 은행이 발행한 신용장으로 진정성을 확인할 수 없는 경우에 추심 처리하는 추심(Collection)등 세 가지 방법이 있다.

L/G Nego는 수출자와 매입은행의 법률관계를 명시한 것뿐이지 신용장 발행은행에는 그 효력이 미치지 않는다.

그림 1-7 신용장 조건불일치(Discrepancy) 선적서류의 대처방법

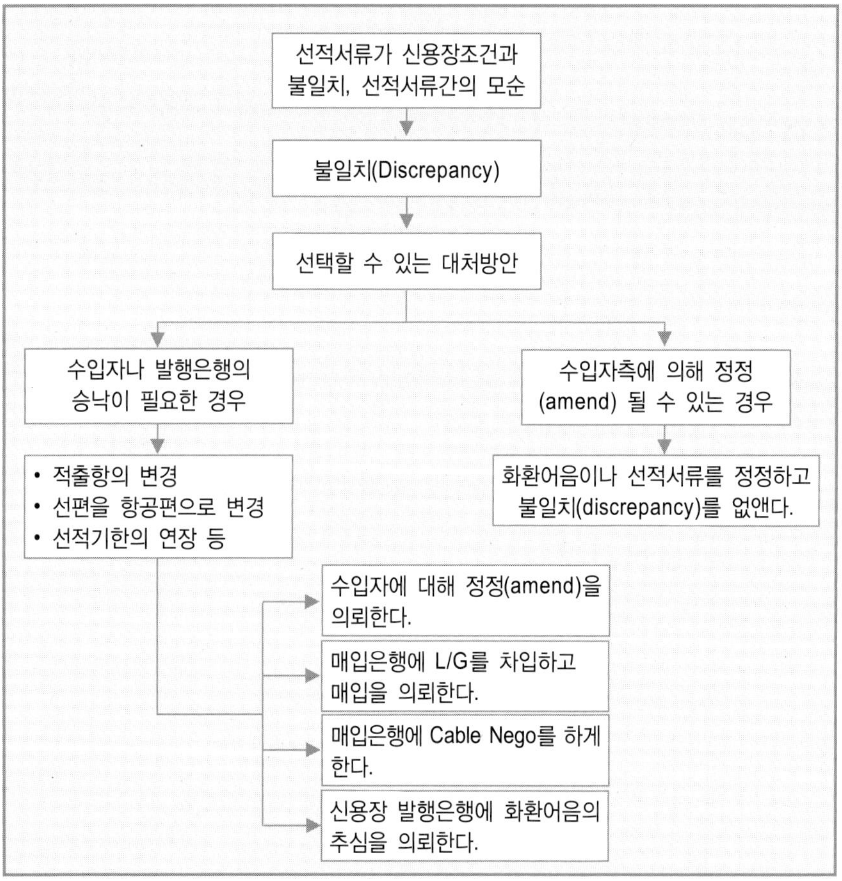

나. 환어음(Bill of Exchange)

1) 환어음의 작성방법과 Checkpoint

영문의 환어음(Bill of Exchange)을 이용한다. 환어음은 3개권 1조(組)로 되어 있다. 제1권, 제2권 두 권은 매입의뢰를 위하여 외국환은행에 제출한다. 제1권 및 제2권은 동일한 효력이 있고 한쪽의 어음이 결제되면 다른 쪽의 어음은 효력을 상실한다. 제3권은 발행인용으로 비치한다. 환어음 작성 시 필수기재사항을 누락하면 환어음의 법적 효력이 발생하지 않는다. 기재사항은 다음과 같다.

① 환어음(Bill of Exchange)의 해설

이 서식은 수출신용장(발행의뢰인 ; J. BLACKWOOD AND SON LIMITED. 발행은행 : National Commercial Banking Corporation of Australia Limited, Sydney NSW, 수익자 : Daesung Industrial Co., Ltd., 신용장번호 및 발행일자 : A 2039/81053, 2003년 8월 28일)에 의거하여 Daesung Industrial Co., Ltd.,가 발행한 환어음이다. 환어음의 매입은행은 한국외환은행이다.

예시 1-1 환어음(Bill of Exchange)

BILL OF EXCHANGE

No. 03257 　　　　Date : Nov. 10. 2003 Seoul, Korea

FOR US$8,861.70

AT ×× SIGHT OF THIS FIRST BILL OF EXCHANGE (SECOND OF THE SAME TENOR AND DATE BEING UNPAID) PAY TO KOREA EXCHANGE BANK, OR ORDER THE SUM OF

SAY US DOLLARS EIGHT THOUSAND EIGHT HUNDRED AND SIXTY ONE CENTS SEVENTY ONLY

VALUE RECEIVED AND CHARGE THE SAME TO ACCOUNT OF J. BLACKWOOD AND SON LIMITED

DRAWN UNDER NATIONAL COMMERCIAL BANKING CORPORATION OF AUSTRALIA LIMITED SYDNEY NSW.

L/C NO. A2039/81053 DATED AUGUST 28. 2003

TO NATIONAL COMMERCIAL BANKING CORPORATION OF AUSTRALIA LIMITED 343 GEORGE STREET, SYDNEY NSW 2000.

Daesung Industrial Co., Ltd
signature

그림 1-8 환어음의 기재사항

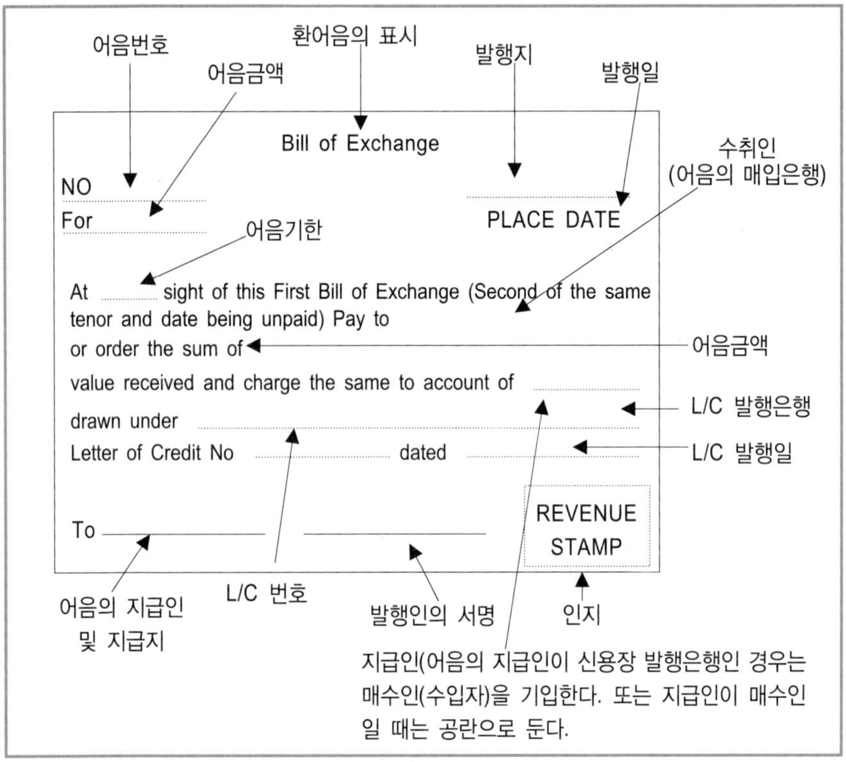

② 환어음의 Checkpoint

(i) 회사명은 틀림이 없는가, 정당한 서명(sign)을 하고 있는가.

(ii) 발행일, 발행지, 지급인명 등 어음법상의 필수기재사항이 기재되어있는가.

(iii) 어음기간(일람출급, 기한부 등)이 신용장조건에 일치하고 있는가.

(iv) 어음금액이 신용장잔고의 범위내인가.

(v) 어음금액이 상업송장(commercial invoice)의 금액과의 관계에 있어서 신용장조건대로인가, 어음금액은 송장금액과 동일금액(100% of invoice value)인 것이 보통이다. 다만 철광석이나 석탄 등과 같은 산적화물(bulk cargo)에서는 처음에는 개산(槪算)으로

지급한 다음 잔액은 목적지에서 품질, 수량을 검사한 다음 품질과 수량이 계약조건과 일치하면 지급한다. 즉 양륙품질조건(landed quality terms) 또는 양륙중량조건(landed quantity terms)으로 거래하는 경우이다.

(vi) 어음금액의 문자와 숫자가 일치하고 있는가.

(vii) 발행일은 신용장 유효기간내이고 또한 신용장에 명시되어 있는 선적일로부터 매입일까지의 기간인가.

(viii) 어음의 지급인(drawee)은 신용장조건대로 되어 있는가. 신용장 면에 "draw on bank" 처럼 on 다음에 있는 자가 지급인이 된다. 신용장에서의 지급인은 draw on us(발행은행) 또는 draw on issuing bank 처럼, 신용장발행은행을 지급인으로 하는 것이 일반적이다. 또한 상환은행(Reimbursing Bank)을 지급인으로 하며 수출자의 어음을 그대로 결제용으로 사용하는 경우도 있다.

(ix) 정정(訂正)한 곳이 있는 경우 그곳에 정정인 또는 initial을 찍었는가.

(x) 수입인지가 첨부되어 있는가.

2) 수출환어음의 매입신청서 기재요령

수출환어음 매입신청서의 제출은 반드시 외국환은행과의 수출화환어음 약정이 선행되어야 하며 이 약정에 의하여 외국환은행은 동 신청서를 접수하고 선적서류를 매입한다.

수출환어음 매입신청서를 외국환은행에 제출할 때는 신용장원본과 신용장이 요구하는 제반 선적서류를 함께 첨부해야 한다.

수출환어음 매입신청서의 구성은 크게 신용장 및 선적서류의 내용과 동 매입대전의 처리내역 그리고 보증서 3가지로 구분되어 있다. 신청서의 기재요령은 다음과 같다.

[기재사항]

① 매입번호 : 수익자(신청자)가 기재하지 않고 외국환은행이 기재한다.
② Beneficiary : 신용장상의 수익자가 매입을 의뢰하므로 L/C 상의 수익자를 기재한다.
③ Commodity : 물품 송장의 품명과 동일하게 기입한다.
④ Advice No. : 신용장 통지은행의 통지번호를 기입한다.
⑤ Export Licence No. : 수출승인서의 번호를 기입한다.
⑥ Issuing Bank : 신용장 발행은행명을 기입한다.
⑦ Invoice Value : 송장상의 금액을 기입한다.
⑧ Shipping Expiry : 신용장의 적출기일을 기입한다.
⑨ Credit Expiry : 신용장의 유효기일을 기입한다.
⑩ B/L date : 선적서류중 선하증권의 발행일자를 기입한다.
⑪ Accountee : 신용장의 발행의뢰인을 기입한다.
⑫ 처리내역 : 외국환은행이 서류를 매입하는 경우 매입대전의 처리방법을 기입한다.
⑬ Negotiated Amount : 이미 매입을 완료하여 사용할 수 없는 금액을 기입한다.
⑭ 요결제사항내역 : 매입 의뢰한 신용장에 의거 금융수혜를 받았을 경우 동 금융을 취급한 은행에게 이 신청서를 회부하여 상환금액을 산출 기입하도록 한다.
⑮ 매입의뢰일 : 매입을 의뢰한 날짜를 기입한다.

예시 1-2 수출환어음 매입신청서

매 입 신 청 서

① 매입번호	NFD405N1257CIT		계		대리		차장		차장		부점장	
CMF번호												

(1) L/C 및 운송서류내용(DESCRIPTION)　　(2) 매입대금처리내역

② BENEFICIARY:	SAMHO TRADING CO	⑫ 처 리 내 역			확 인 인	
					계	대리
ASSIGNEDD FROM		⑬NEGO AMOUNT		US$45,200.-		
L/C NO.		외화계정대체				
③ COMMODITY	PASEBALL	⑭ 무역어음 대 출	A			
④ ADVICE NO.	A-0667-404-03135		B			
⑤ EXPORT LICENCE NO.	C1701405-80211		C			
⑥ ISSUING BANK	THE TOKYO BANK LTD.		D			
⑦ ACCOUNTEE	ASAHI SUPPLY LTD.	수 입 보 증 금				
⑧ INVOICE VALUE	US$3,200- (H.0.)	우 편 료				
⑨ SHIPPING EXPIRY	2003. 4. 30	환 가 료				
⑩ CREDIT EXPIRY	2003. 5. 10	대 체 료				
⑪ B/L Date		대체지정계좌입금				

위 내용의 수출하부환어음(또는 운송서류)을 기 약정한 바에 의하여 매입하여 주시고 동 수출어음 대금을 위와 같이 처리하여 주시기 바랍니다.

⑰ AT Sight

⑱ @

⑮ 2003년 5월 9일

⑯ 상호 SAMHO TRADING CO. (인)

대표이사

인감대조

⑲ PAID 94년 5월 9일

⑳ 확 인 서	수 입 인 지

우리은행 앞　　　　　　　　　　　　　　　　2003 년 5 월 9 일

위 신용장(계약서)에 의한 수출환어음 또는 선적서류 매입과 관련하여 본인은 귀행에 아래와 같은 신용장(계약서) 조건과의 불일치 또는 기타 사유로 인한 하자사항을 확인하며 이로 말미암은 비용 및 손해는 수출거래약정서에 따라 부담하겠습니다.

(운송서류 매입일부터 Nego 대금이 귀행 내규소정일수를 경과하여 입금되는 경우에는 그 초과 일수에 대한 소정이자를 지급하겠습니다.)

※ DISCREPANCIES

1) LATE SHIPMENT

2)

3)　　　　　　　　　　상호　SAMHO TRADING　(인)

4)　　　　　　　　　　대표이사

인감대조

※ 은행사용란

1	CMF. NO.			9	우편요금	*		16	자사실적	*		23	기산기준일		
2	재매입여부	*		10	기타공제			17	타사실적	*		24	확정일코드		
3	매입통화	*		11	가격조건	*		18	선물환율			25	할인구분		
4	매입금액	*		12	우대요율			19	선물환금액			26	COMM.율		
5	하자여부	*		13	수출상대국	*		20	기 산 일	*		27	COMMISSON		
6	외화대체			14	수출형태	*		21	추심수수료	*		28	INTEREST율		
7	TENOR	*		15	CCON. NO.	*		22	USANCE기간	*		29	INTEREST		
8	본지사구분														

⊙ 추심시에는 *표 항목만 사용

⑯ 매입의뢰인의 명판 및 인감 : 매입을 의뢰하는 자의 명판과 인감을 기명 날인한다.
⑰ 결제조건 : 신용장의 결제조건을 근거로 선적서류의 결제조건을 기입한다.
⑱ 환율 : 외화금액을 원화로 환산하는 환율을 기입한다.
⑲ 매입실행일자 : 외국환은행이 선적서류를 매입하는 날짜를 기입한다.
⑳ 각서 : 제출되는 서류가 신용장 조건을 일치시키지 못할 때 기입한다.

다. 신용장에 의한 대금결제의 사례

신용장(Letter of Credit ; L/C)은 수출대금의 지급을 수입자측의 은행이 보증하는 것이다. 수출자는 은행이 수출대금의 지급을 보증하므로 안심하고 수출화물을 선적할 수 있다.

① 신용장 거래의 당사자

(ⅰ) 수익자(Beneficiary) : 신용장을 이용하는 사람으로서 통상은 수출자이다. [그림 1-9]의 예는 Samho Trading Co., Ltd. 이다.

(ii) 신용장 발행 의뢰인 : 신용장 발행을 거래은행에 의뢰하는 회사이다. [그림 1-9]의 예는 수입자인 Manhattan Business Appliances Corp. 이다.

(iii) 발행은행(Issuing Bank) : 수익자에 대해 신용장을 발행하는 은행이다. [그림 1-9]의 예는 The Chase Manhattan Bank 이다.

(iv) 통지은행(Advising Bank), 매입은행(Negotiating Bank) : 발행은행의 의뢰로 수익자에게 신용장의 내도를 통지하는 은행이다. [그림 1-9]의 예는 Korea Exchange Bank 이다.
Korea Exchange Bank가 매입은행(Negotiating Bank)을 겸하고 있다.

② 신용장의 흐름[그림 1–9]

(i) 수출자인 Samho Trading Co., Ltd.와 수입자인 Manhattan Business Appliances Corp.의 양자 사이에 매매계약이 체결된다. 신용장 거래의 물품은 Copy Machine 이다.

(ii) Manhattan Business Appliances Corp는 거래은행인 The Chase Manhattan Bank에 대하여 L/C의 발행을 의뢰한다.

(iii) The Chase Manhattan Bank은 L/C를 발행하고 통지은행인 Korea Exchange Bank에 보낸다.

(iv) Korea Exchange Bank는 수익자인 Samho Trading Co., Ltd.에 L/C의 도착을 통지한다. 수출자는 L/C에 의거하여 필요한 선적서류를 작성한다.

(v) Samho Trading Co., Ltd.는 계약품인 Copy Machine을 Manhattan Business Appliances Corp. 앞으로 선적한다.

(vi) Samho Trading Co., Ltd.는 선적 후 선하증권(B/L)을 입수한다. 화환어음을 작성하고 거래은행(매입은행 ; negotiating bank)인 Korea Exchange Bank에 매입의뢰를 한다.

그림 1-9 신용장의 흐름

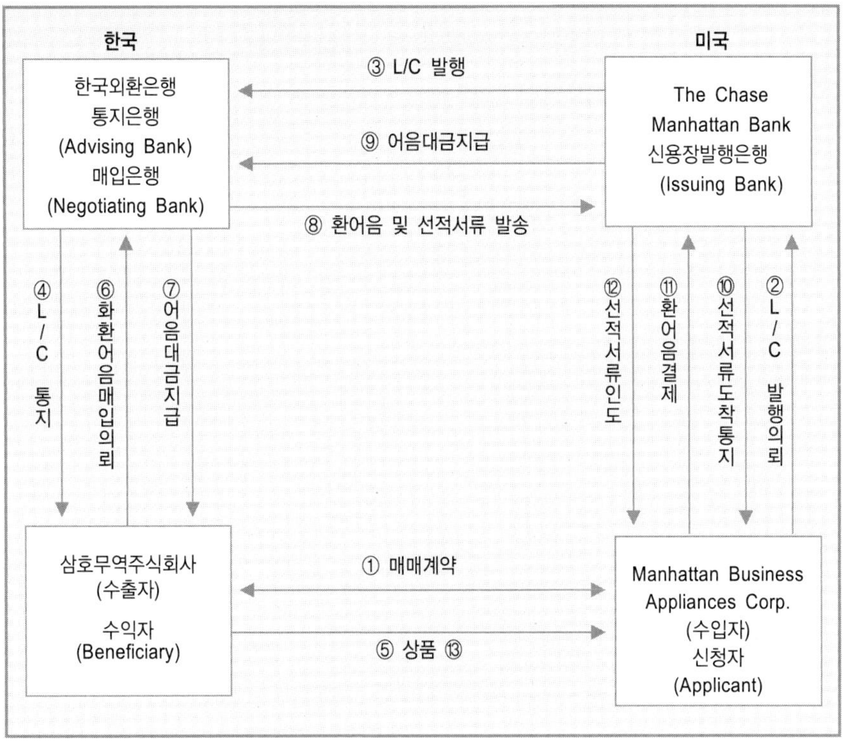

(vii) Korea Exchange Bank는 선적서류가 신용장 조건과 일치하고 있는가를 점검하고 하자가 없으면 수출자인 Samho Trading Co., Ltd.에 어음대금을 지급한다.

(viii) Korea Exchange Bank는 화환어음과 선적서류 등을 The Chase Manhattan Bank에 보낸다.

(ix) 서류를 수취한 The Chase Manhattan Bank는 수입자를 대리하여 Korea Exchange Bank에 어음대금을 지급한다.

(x) The Chase Manhattan Bank는 Manhattan Business Appliances Corp.에 대하여 선적서류가 도착한 것을 통지한다.

(xi) Manhattan Business Appliances Corp.는 환어음을 결제한다.

(xii) The Chase Manhattan Bank는 선적서류를 Manhattan Business Appliances Corp.에 인도한다.

(xiii) Manhattan Business Appliances Corp.는 선적서류의 하나인 B/L을 선박회사에 제출하고 상품을 인수한다.

수출자에게 있어서 신용장 거래는 merit(장점)가 있는 거래이지만 그 대신 신용장에 기재된 대로의 선적서류를 작성하여야 한다. 신용장을 입수하면 매매계약의 내용과 일치하는가를 점검하여야 한다. 환어음을 매입할 때 매입은행은 선적서류가 신용장 조건을 충족시키지 못하면 대금의 지급을 거절한다. 수출자는 신용장 및 2007년 개정 신용장통일규칙을 연구해야 한다.

라. 인터넷 수출선적서류 매입(네고)

수출업체들은 조흥은행(www.chb.co.kr)이 구축한 「무서류 선적서류매입 시스템」을 이용하여 인터넷을 통해 선하증권 등 선적서류 매입서비스를 받을 수 있다. 조흥은행은 메리츠화재(주) 및 한솔 CSN과 제휴하여 인터넷을 통한 「무서류 수출선적 서류매입시스템」을 구축하였다.

이 시스템은 선적서류매입(Negotiation)에 필요한 서류일체를 인터넷을 통해 은행에 접수하고 매입대금을 곧바로 수출업체의 계좌로 입금해 주는 방식이다. 조흥은행은 인터넷 서비스를 위하여 제휴한 선하증권(B/L) 교부대행 관련회사는 한솔 CSN(www.logisclub.com)이고 보험증권(Insurance Policy) 교부대행 관련 제휴사는 메리츠화재해상보험(주), 삼성화재보험(주) 및 LIG화재해상보험(주)이다.

수출업체는 이 시스템을 이용하면 수출선적서류매입에 필요한 서류발급 및 접수를 위해 물류회사, 보험회사, 은행 등을 방문해야 하는 번거로움과 불필요한 시간을 단축할 수 있다.

그림 1-10 인터넷 수출선적서류 매입업무의 흐름

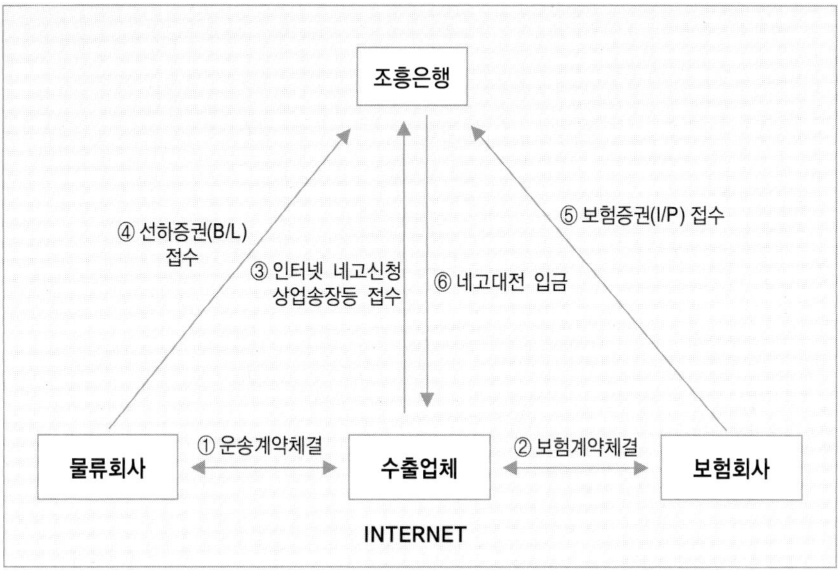

마. EDI를 이용한 수출대금 결제업무

신용장방식의 수출의 경우는 수출자가 신용장 조건에 따라 선적을 완료하고 발행한 수출환어음 및 신용장에서 요구한 선적서류 일체를 거래은행에 제시하여 매입신청을 하면 매입은행은 제시된 신용장의 조건 및 제시된 선적서류를 심사한 후 환가료, 수출환어음 추심수수료, 대체료, 우편료 등을 공제한 후 수출자에게 어음대금을 지급한다.

이 과정에서 매입은행은 수출자에게 수수료계산서를 발급하게 되는데 보통 수출입담당부서는 은행에서 발급 받은 계산서를 회계관련자료로 활용하기 위해 별도 프로그램에 입력하여 수출사후관리를 처리해야 한다.

그러나 전자문서교환방식(EDI)을 적용할 경우는 매입은행에서 발급되는 계산서를 EDI로 송부하여 주므로 이와 같은 불편함을 일시에 해소할 수 있다. 현재 EDI를 이용하는 대형고객은 계산서를 자체 회계프로그램과 연계하여 상당히 편리한 자료로 활용하고 있다.

현재 EDI방식으로 적용되고 있는 문서는 아래와 같다.

| 표 1-3 | 수출대금결제관련 전자문서

문 서 명	전자문서	비 고
계산서	FINBIL	수출환어음계산서 등
수출환어음매입신청서	APPNEG	수출환어음 매입신청서
입금통지서	CREADV	해외입금내역통지
수출환어음처리결과	ACNOTC	수출 NEGO후 해외결제은행에서 매입 거절시 전송되는 문서

5. 추심(D/P, D/A)결제

가. 무신용장 D/P 및 D/A 어음추심

무신용장 수출환어음의 매입도 그 실무요령은 신용장부 수출환어음 매입의 경우와 거의 같다. 다만 신용장이 없는 경우는 신용장처럼 지급확약의 보증이 없으므로 수입업자의 성실한 계약의 이행에 의존하지 않을 수 없다. 동시에 수출업자도 신용장조건과 같은 제약이 없다고 해서 적당히 수출업무를 이행하여서는 안된다. 수출업자, 수입업자 쌍방이 성실한 매매계약의 이행에 의존해야 한다.

은행이 신용장이 없는 어음을 매입하는 데 있어서 수출업자는 수입업자의 신용상태를 정확하게 파악하는 것이 신용장거래 이상으로 요구된다. D/P, D/A 거래에 있어서 수출업자는 수출지에 있는 자기의 거래은행을 통하여 어음을 추심하므로 수출지의 은행이 추심거래에 개입한다. D/P, D/A 거래는 D/P, D/A 어음의 발행자인 수출업자의 요청으로 수출지의 은행이 수입지의 은행에 어음의 추심을 의뢰하여 어음대금이 자행(自行)에 입금된 후, 즉 어음대금을 추심한 후 수출업자에게 지급하는 것이 원래의 D/P, D/A 거래방식이다.

그러나 신용장에 의거해 발행한 화환어음처럼 수출지의 은행이 어음대금을 추심하기 전에 D/P, D/A 어음을 매입하여 수출업자에게 어음대금을 지급하는 경우가 많다. D/P, D/A 어음 매입은행으로서는 추심 전 어음의 매입은 수출업자에 대한 대출과 같은 것이다.

은행은 신용장이 없는 D/P, D/A 어음의 매입에 있어서 신용장 조건을 점검하는 대신에 무역계약서의 여러 조항과 선적서류를 점검한다.

① **지급도(D/P) 조건** : 화환어음의 추심을 의뢰 받은 은행이 화물인수에 필요한 선적서류를 어음대금 지급과 상환으로 인도하는 조건을 말한다. 이 조건에서는 수입업자가 신용장을 개설하지 않고 화물과 함께 송부되어 온 선적서류를 외국환은행에서 대금지급과 상환으로 인수할 수 있다.

② **인수도(D/A) 조건** : 수입자는 은행으로부터 화환어음의 제시를 받았을 때 어음대금을 지급하지 않고 이를 인수함으로써 선적서류를 인도 받을 수 있다. 수입자는 지급기한 전에 선적서류를 은행으로부터 받아 상품을 인수할 수 있고 물품을 전매하여 이 판매대금으로 만기일에 어음대금을 지급한다.

따라서 수입자는 자기 자본 없이도 D/A 조건으로 수입하여 먼저 물품을 인수하여 전매함으로써 나중에 그 판매대금으로 수입대금(어음대금)을 지급할 수 있어 수입자에게 유리한 대금결제 방법이다. D/P 및 D/A 조건은 모두 수입자가 지급하지 않을 때 수출자는 대금회수에 어려움이 있다.

나. D/P, D/A 어음추심(매입)의 흐름

양자 모두 그 결제의 흐름은 거의 같고 그 흐름을 보면 다음과 같다.

그림 1-11 화환어음 추심의 흐름

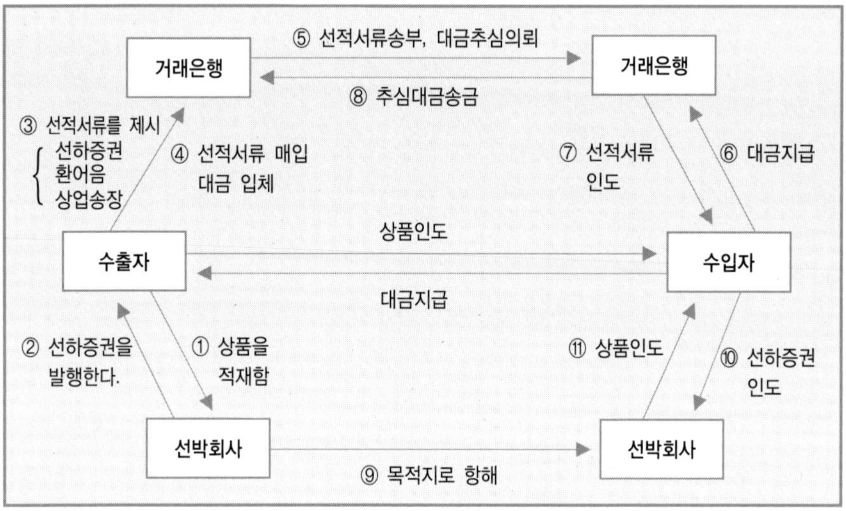

[수출, 수입을 D/P, D/A 거래로 할 때의 주의사항]

(1) 신뢰할 수 있는 수출자인가 수입자인가

신용장 거래와는 달리 수출자, 수입자의 판단만으로 은행의 보증이나 판단은 개입시키지 않고 실행하는 거래이므로 신뢰할 수 있는 상대방과 거래해야 한다.

(2) 수출어음보험에 부보해야 한다.

(3) 충분한 자금계획 및 자금코스트를 검토해야 한다.

수입자에는 후불의 방법이지만 수입서류와 상환으로 결제는 해야 한다. 수출자에게는 L/C 거래와는 달리 지급까지 상당한 기간이 걸리므로 대금회수까지의 자금부담력이 있어야 한다.

| 표 1-4 | L/C와 D/P, D/A 어음매입의 차이점

거래의 흐름	L/C	D/P, D/A
수입자의 신용도	일반적으로 수입자의 신용조사 대신에 L/C 발행은행의 신용을 조사한다.	엄중한 조사
Country Risk	신중한 조사	신중한 조사
계약서의 점검	통상은 불필요	계약서 내용의 엄중한 check
선적서류의 점검	L/C 조건과 일치하고 있는가 서류 상호간에 모순이 없는가 서류가 정규(正規)의 것인가	계약서 원본과 일치하고 있는가
수출어음 보험의 부보여부	특별한 경우에 부보함	부보가 일반적(부보가 매입의 조건이 되는 경우가 있다.)
서류의 해외송부 화환어음의 추심	L/C의 지시에 따른다.	계약서에 따른다(이 이외는 매입은행이 판단 결정한다).
지급방법	지급약속에 의거하여 신용장 발행은행이 행한다.	지급도조건(D/P) 및 인수도조건(D/A)에 의하여 수입자가 지급한다.
이용을 위한 주요조건	수입자의 신용	수출자가 신용장을 발행하지 않는 조건에 동의할 것.
선적서류의 송부방법	은행경유로 송부된다.	은행경유로 송부된다.
수입업자에게 유리한 점과 불리한 점	신용장 조건과 일치하는 선적서류에 대해 (만일 상품중에 불량품이 있더라도) 지급해야 한다.	신용장 발행수수료가 없다(그러나 수출자의 금융에 협력요청을 받는 경우가 있다).
수출업자에게 유리한 점과 불리한 점	수출금융을 이용하기 쉽다(신용장 입수에 의해 당해 거래의 확실성이 뒷받침되기 때문).	D/P 또는 D/A는 수입자로부터의 대금회수가 문제이고 신용장에 비해 금융은 받기 어렵다.

6. 국제팩토링(Factoring) 및 국제포페이팅(Forfaiting)

가. 국제팩토링(Factoring)

1) 의의

국제팩토링이란 신용장 없이 외상으로 무역거래를 하면서도 수출자는 선적과 동시에 수출채권을 현금화할 수 있고 수입자는 손쉽고 편리하게 외상으로 상품을 구입할 수 있는 무역거래방식을 말한다. 즉, 팩토링(factoring)이란 제조업자(supplier ; client)가 구매자(debtor ; customer)에게 상품 등을 외상판매 한 후 발생한 매출채권을 팩토링회사(factor)가 지속적으로 매입하면서 제조업자(상품 또는 용역의 공급자)에게 대금회수, 매출채권관리, 부실채권보호, 금융제공 등의 혜택을 부여하는 서비스를 말한다.

국제팩토링은 국제간의 무역거래에서 국내거래와 마찬가지로 무역업자간에 서로의 신용을 바탕으로 신용장 개설 없이 이루어지는 거래방식이다. 즉 세계의 팩토링회사가 그룹을 결성하여 수출자 및 수입자에 대하여 제공하는 새로운 금융서비스로서 수출국 팩토링회사(수출팩터 ; export factor)가 수출자와 거래계약을 체결한 후 금융을 제공하며, 수입국팩토링회사(수입팩터 ; import factor)는 수입자에 대한 신용조사 및 신용승인(credit approval) 등 팩토링서비스를 제공하는 거래이다.

2) 거래대상

거래상대방(partner)이 외상거래를 원하거나 신용장방식, 외상거래방식(D/A, D/P)의 변경을 요구하거나 신용은 있으나 은행한도 부족으로 신용장을 개설할 수 없음을 호소하거나 보다 더 간편한 서류처리를 원하거나 더 적은 거래비용을 원하는 경우 국제팩토링을 이용한다.

국제팩토링 거래대상이 될 수 있는 수출입거래 결제방식으로는 L/G거래 및 Cash on Delivery(COD) 거래를 제외한 신용조건부(Open Account Terms) 거래를 대상으로 하며 수입업자에 대한 대금지급보증조건부(Credit Approval)

거래와 추심조건부(Collection Only) 거래로 구분된다.

국제팩토링에 의한 대금결제방식은 자유화되었고 대부분의 경우 미화 10만불 이하의 소규모 거래에서 이용되고 있다. 기업은행이 수출입팩토링을 주로 취급한다.

3) 수출팩토링 이점

① 수출대금의 안전한 회수 : 해당 물품에 대한 수입업자의 Claim이 없는 경우 수입업자의 파산 또는 지급불능시 수입국의 팩토링회사가 채권금액의 100%를 대신 지급한다.

② 수출채권의 즉시 현금화 : 상품선적 후 수출팩토링회사(기업은행)에서 수출채권(선적서류)을 매입하여 주므로 외상수출대금을 즉시 현금화할 수 있다.

③ 채권관리의 효율화 : 해외 팩토링회사를 통해 수입자에 대한 신용조사와 외상수출대금 관리를 대신해 주므로 해외지사 설치효과를 거둘 수 있다.

그림 1-12 수출팩토링 구조

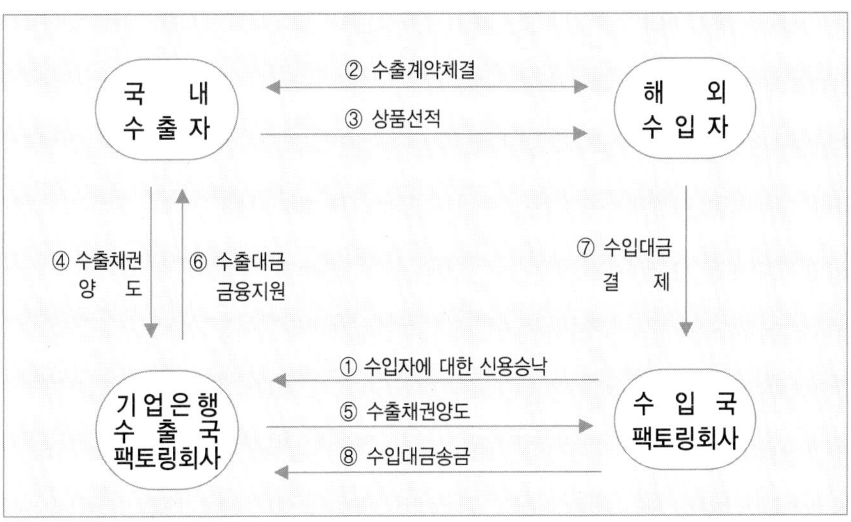

④ 새로운 시장의 개척 : 부실채권을 방지할 수 있고 신용장개설이 필요 없으므로 수입자의 부담을 경감할 수 있어 보다 나은 조건으로 상담이 가능하여 새로운 시장개척이 가능하다.

4) 수입팩토링의 이점

① 외상구매 가능 : 신용이 우수한 기업은 팩토링회사(기업은행)가 수입대금의 지급을 보증하므로 수출자로부터 외상으로 손쉽게 물품을 구입할 수 있다.

② 자금부담의 경감 : 물품수령 후 일정기간 내에 수입대금을 결제하면 되므로 자금부담이 경감된다.

③ 금융비용 절감 : 신용장개설비용 및 부대비용을 절감할 수 있다.

④ 물품의 품질확인 가능 : 신용장방식거래와 달리 수입대금결제 전 물품의 품질을 확인할 수 있다.

그림 1-13 수입팩토링 구조

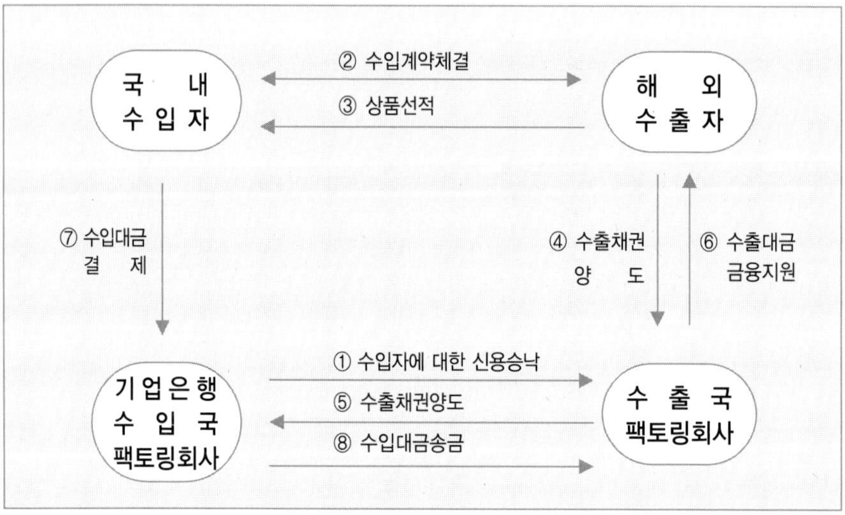

나. 국제 포페이팅(Forfaiting)

1) Forfaiting의 정의

포페이팅(Forfaiting)이란 현금을 대가로 채권을 포기 또는 양도한다는 뜻이다. 무역어음을 판 수출업자는 미리 수출대금을 받은 후 나중에 발생할 수입자의 대금지급 거절이나 연기에서 오는 손해를 일체 부담하지 않아도 된다.

특히 국가 위험도가 높은 새로운 시장을 개척하려는 수출업자가 널리 활용할 수 있다. 포페이팅을 이용하면 수출품을 선적하자마자 관련서류를 제출하여 현금을 확보할 수 있기 때문이다. 수출업자는 이로 인해 자금을 원활히 회전시켜 새로운 투자를 할 수 있는 여유를 갖게 된다.

포페이팅의 대상이 되는 어음은 통상 양도하기 쉽고 국제무역에서 많이 통용되는 수출환어음이나 약속어음이고 신용장에 의거하여 발행된 기한부어음(Usance Bill)의 기한이 90일 이상에서부터 최장 10년까지 가능하다. 금액은 건당 3만 달러에서 최고 2억 달러까지 매입되고 있다. 포페이팅 요율은 리보금리(Libor · 런던은행간 금리)에 국가 및 신용장 발행은행의 신용위험도를 감안한 가산금리가 더해져서 결정된다.

단 포페이팅을 이용하고자 하는 수출자는 소구권포기 조건으로 어음을 매각하므로 포페이팅과 관련된 모든 서류를 면밀히 점검해야 되며 수입자에게 포페이터(Forfaiter)가 인정하는 보증서를 제출하도록 요구해야 한다. 그리고 포페이터가 신용장이 아닌 별도의 지급보증서를 요구할 경우 포페이팅 비용이 여타 수출금융 비용보다 높을 수도 있으므로 가격경쟁력을 잘 비교 분석해야 한다.

포페이팅을 취급하는 은행은 외국계 은행을 비롯해 유니온금융투자와 HSBC 포페이팅 등이 있다.

그림 1-14 포페이팅(Forfaiting) 업무절차

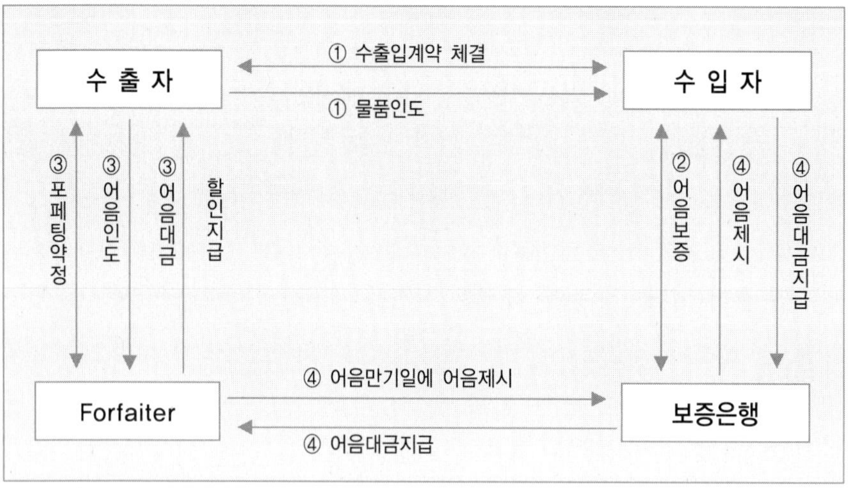

2) 거래절차

① 수출자는 수입자와 결제방법에 포페이팅을 추가하는 것으로 무역계약을 체결하고 수출물품을 조달하여 이를 수입자에게 인도한다.

② 수입자는 지급보증은행에 어음이나 환어음을 제출하면 지급보증은행은 별도의 지급보증서를 발급하거나 환어음이나 어음상에 지급보증을 추가해 이를 수출자에게 인도한다.

③ 수출자는 포페이터와 직접 포페이팅계약을 체결하고 포페이터는 수출자에게 어음대금을 할인하여 지급한다.

④ 포페이터는 어음의 만기일에 어음을 지급보증은행에 제시하고 지급보증은행은 포페이터에게 대금을 지급한다.

3) 수출환어음 인수 후 매입(Forfaiting) 서비스

① 정의 : 한국외환은행이 담보나 보증이 없어도 수출대금을 조기에 회수할 수 있는 수출환어음 인수 후 매입서비스를 제공하고 있다. 이 서비스는 Forfaiting 거래를 응용한 제도로서 연지급 신용장에 의한 수출환

어음(선적서류)을 추심한 후 개설은행으로부터 인수통지서 접수시 매입으로 전환하는 거래방식이다.

※ Forfaiting : 연불수출에 따른 채권을 Forfaiter가 비소구 조건(without recourse)으로 할인 매입하는 거래로 주로 연지급신용장에 의한 수출환어음을 주대상으로 한다. 국내에서는 수출환어음의 매입이 보편화되어 있으며 Forfaiting은 거래절차가 불편하고 부대비용이 과다하여 거의 활성화되고 있지 않다.

② 장점 :

(i) 수출대금의 조기자금화 : 하자 등의 사유로 추심한 수출환어음 대금의 조기 활용

(ii) 환리스크 회피 : 조기 매입에 따른 만기일까지의 환리스크 제거

(iii) 부도발생에 따른 고비용 자금부담 손실 최소화 : 하자있는 선적서류의 추심전 매입에 따른 부도처리시 고율의 부도이자 납부 위험 제거

(iv) 담보 및 보증인이 없는 수출금융 지원

(v) 수출업체의 국제경쟁력 강화

③ 이용절차

업무처리절차

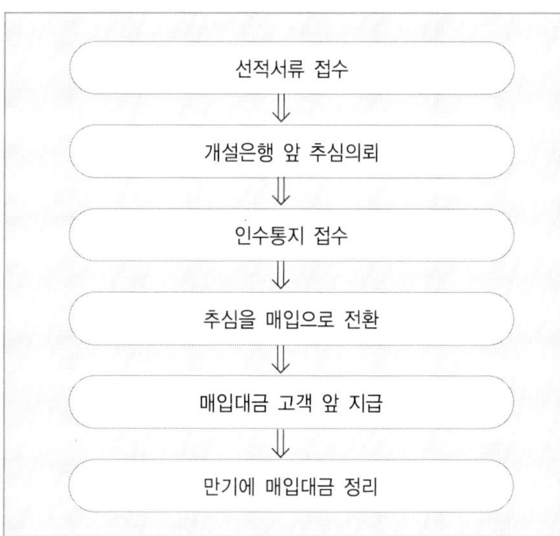

7. 수출입대금 결제방법

가. 의의

외국환거래와 관련하여 거주자와 비거주자 간 외국환의 지급, 영수 또는 계정간 이체를 함에 있어 결제기간, 금액 등을 국제적인 표준방법으로 결제하도록 하고 있다. 별도의 허가가 요구되는 경우만을 정하고 나머지는 자유롭게 거래할 수 있도록 하고 있다.

경상대외거래의 지급·영수 절차를 외국환은행 신고제로 전화하였고 외화의 영수는 물론 지급에 있어서도 외국환은행은 증명서류만 확인하고 일정한 요건에 해당할 경우 국세청에 통보하도록 하고 있다.

나. 결제방법의 일반적인 요건

1) 결제통화

① 통화의 지정제도를 폐지하였고 자기책임 하에 자유롭게 선택할 수 있도록 하고 있다.

② 현실적으로 경상거래시 미달러화에 대한 의존율이 높은 수준이며(80% 이상), 전신환매매율이 고시되는 40개 통화만을 사용할 수 있다. 그 밖의 통화로 계약하려면 미리 외국환은행 본점 영업부에 확인한 뒤 계약을 맺어야 한다.

2) 금액

수출입대금 등 지급 또는 영수할 금액은 원칙적으로 송장금액 전액을 지급 또는 영수하도록 한다. 단, 다음과 같은 경우에는 수출대금과 수입대금을 서로 상계하거나 수출입대금에서 미리 수수료 등을 공제한 뒤 영수 또는 지급할 수 있다.

① 연계무역(물물교환), 위탁가공무역에서 그 수출대금과 수입대금을 상계할 때
② 물품 수출입대금과 그 거래에 직접 관련된 중개수수료나 대리점 수수료 등을 상계할 때
③ 상호 계산계정을 통해 채권과 채무를 서로 상계할 때

3) 기간

다음의 경우를 빼고는 수출입대금을 결제하는데 기간 제한이 없으며 아래의 경우에는 한국은행에 신고해야 한다.

① 본지사간에 계약건당 5만불이 넘는 수출대금을,
- 무신용장 인수인도조건(D/A)으로 3년이 넘어서 받을 때
- 물품선적전에 받을 때

② 계약건당 5만불이 넘는 수출대금을 본지사간이 아닌 업체로부터 물품 선적일 1년 이전에 받을 때. 단, 선박, 철도차량, 항공기, 산업설비, 중화학제품, 기계류 수출은 제외
③ 계약건당 5만불이 넘는 금을 가공하지 않고 재수출하는 경우로서 선적서류 또는 물품을 영수한 뒤 30일을 초과하여 수입대금을 지급할 때
④ 계약건당 2만불이 넘는 수입대금을 선적서류 또는 물품을 받기 1년 이전에 송금할 때

4) 대응수출입 이행의무

① 건당 5만불이 넘는 수출대금을 물품을 선적하기 전에 송금 받았을 때는 대응수출을 이행하거나 대금을 반환하여야 한다.
② 건당 2만불이 넘는 수입대금을 선적서류나 물품을 받기 전에 송금했을 때는 대응수입을 이행하거나 대금을 돌려받아야 한다.

8. Trade Card와 Bolero

가. Trade Card

1) Trade Card의 의의

Trade Card 시스템은 전자무역 서류의 전송과 대금결제방법을 전자화하려는 목적으로 WTCA(World Trade Center Association ; 세계무역센터협회)가 주관하고 있는 사업이다.

Trade Card 시스템은 신용장 없는 무역대금 결제방법으로 이행하기 위한 전자시스템의 일종이다. Trade Card에서는 신용장거래에서의 서류심사업무가 은행에서 Trade Card 시스템으로 이관된다는 것이 특이하다. 은행은 단지 자금의 공여와 지급업무를 수행할 뿐이다.

Trade Card를 활용하면 국제간 무역거래에서 서류작성에서 대금결제까지 인터넷으로 할 수 있다. Trade Card는 현행 L/C, D/A, D/P, T/T 등의 무역거래방식을 대체하는 새로운 전자무역 방식의 Financial Supply Chain 이다. 현재 한국외환은행과 조흥은행이 Trade Card 서비스를 제공하고 있다.

Trade Card를 이용하면 은행이 바이어의 거래금액의 100%를 지급보증(protection)하므로 수출자는 바이어의 채무불이행에 대한 불안을 가질 필요가 없다. 현재 한국외환은행과 조흥은행이 네고(Nego)를 인터넷으로 간편하게 하도록 서비스하고 있다. 서류하자(Discrepancy)의 체크도 국제특허를 획득한 Data Compliance Engine으로 즉시 확인할 수 있다. Trade Card를 이용하기 위하여 따로 프로그램을 설치할 필요가 없고 Trade Card 홈페이지(www.tradecard.com)에 접속하면 된다. 또한 수출입 서류처리 및 부대비용을 절감시킬 수 있다.

그림 1-15 Trade Card의 흐름

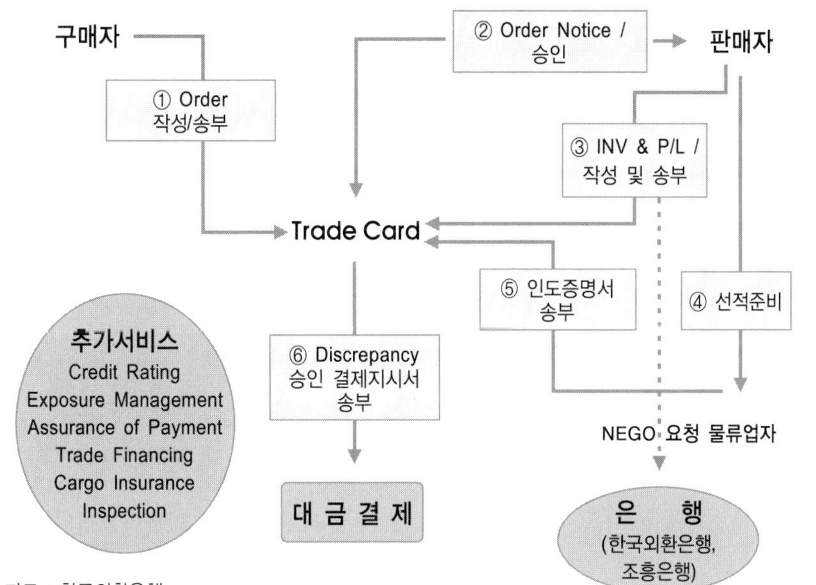

자료 : 한국외환은행

2) Trade Card의 전자무역 절차

Trade Card 시스템은 전통적인 기존의 오프라인 무역거래에 수반되는 서류를 전자화 및 자동화 기술을 기반으로 하여 전자서류(paperless documents)로 대체시킬 수 있다. Trade Card 시스템은 전자상거래의 정보기술(IT)을 기반으로 오프라인무역거래의 절차를 신속하게 그리고 저렴하게 처리하게 한다. Trade Card의 전자무역 절차는 [그림 1-16]과 같다.

그림 1-16 Trade Card의 전자무역 처리절차

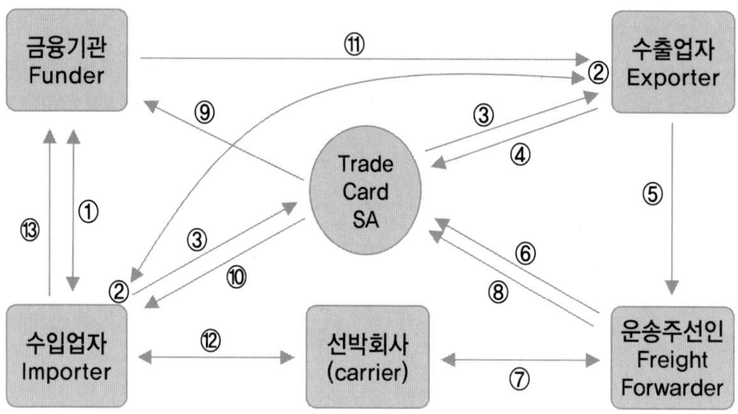

<주> Funder는 은행만이 아닌 여러 금융기관이 포함된다.
현재 우리나라는 한국외환은행과 조흥은행이 Funder가 되어 있다.

① 수입업자는 금융기관(신용공여기관)에 신용공여한도를 설정하고 은행은 신용평가의 과정을 거쳐 신용공여한도를 설정한다. 이때 금융기관(은행)을 Funder(Bank)라고 한다.
② 수입업자와 수출업자는 무역거래조건을 협상 및 합의한다.
③ 수입업자는 POPFI(Purchase Order : 구매주문서, ProForma Invoice : 견적송장의 약자로 수출업자와 수입업자간의 전자무역 계약서가 된다.)를 작성하고, 전자서명을 첨부하여 Trade Card의 중앙처리장치(SA : System Administrator)로 전송한다. Trade Card SA는 POPFI의 기재내용과 수입업자의 신용한도를 검토하여 이를 수출업자에게 전송한다. 수출업자는 이를 확인하여 전자서명함으로써 무역계약을 실행시킨다. Trade Card 시스템을 경유하는 메시지는 UN/EDIFACT 표준을 적용하고 있으며, 전자서명의 경우 RSA암호화표준을 사용하고 있다.
④ 수출업자는 Trade Card SA에 선적지시서(선적, 보험, 검사관련)를 발송한다.
⑤ 수출업자는 운송주선인에게 수출화물을 인도한다.
⑥ 운송주선인은 Trade Card SA에 선적지시서를 요청하고 접수 후 선복의 수배 등 선적을 준비하고 보험사와의 업무를 처리한다.
⑦ 운송주선인은 화물을 선박회사에 인도하고 선박회사는 운송주선인에게 운송서류 초안 전자식 해상, 항공화물운송장이나 전자식 선하증권을 발급한다. 발급과정은 Trade Card 통신망에서가 아닌 매매당사자간 EDI를 통하여 이루어진다.
⑧ 운송주선인은 전자서명이 된 최종 운송서류를 작성하여 Trade Card 시스템이나 EDI를 통해 Trade Card SA로 전송한다. Trade Card SA는 운송서류를 비롯한 다른 전자식 서류들과 POPFI를 대조 점검한다. 이 점검은 Trade Card SA가 개발한 자동화 방법에 의한다.
⑨ Trade Card SA는 서류가 일치하는 경우 신용공여기관에 대금을 지급할 것을 수권한다. 만일 기한부 지급인 경우에는 해당기간 동안 지급지시를 보류한다.
⑩ Trade Card SA는 전자식 운송서류 및 보험증권을 수입업자에게 전송한다.
⑪ 신용공여기관은 수출업자에게 대금을 지급한다.
⑫ 수입업자는 전자식 운송서류를 선박회사에게 제시하여 수입화물을 인도받는다.
⑬ 수입업자가 수입대금을 신용공여기관에 상환하면 거래한도가 회복된다.

그림 1-17 전자무역 흐름도(수출경로는 WTCA Trade Card 시스템 모델)

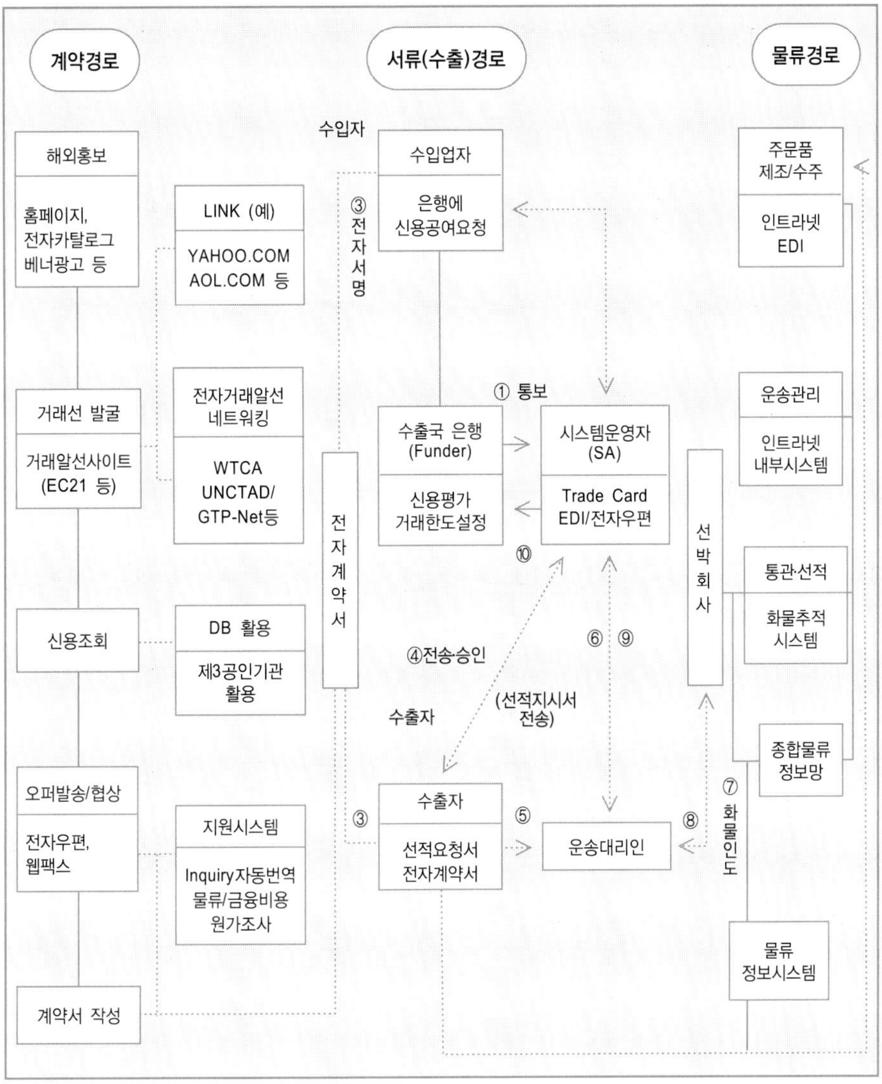

① 수입국은행(Funder), 거래한도 정보를 SA에 통보 ② SA는 시스템 입력·승인후 수입업자에 통보 ③ 전자무역 계약서에 전자서명 ④ 수출자, SA에 선적지시서 전송 ⑤ 운송대리인에 선적처리 요청 ⑥ 운송대리인, SA에 선적지시서 송부요청·접수 ⑦ 운송대리인, 선박회사에 화물인도 ⑧ 선박회사, 운송대리인에 화물운송장 초안 전송(EDI) ⑨ 운송대리인, 최종화물운송장을 SA에 전송 ⑩ SA, 수입국 은행에 대금지급 요청 → Funder, 대금 송금 → 수입업자, SA로부터 최종화물운송장 접수 → 수입업자, 화물인수·통관 → 수입업자, Funder에 대금 상환

나. Bolero Project

1) 의의

1994년에 영국, 미국, 스웨덴, 네덜란드, 홍콩의 해운회사, 은행, 통신사 등이 참여하여 컨소시엄 형태로 시작된 Bolero Project(Bill of Lading Electronic Registry Organization)는 무역거래에 필요한 종이서류를 전자메시지로 전환하여 안전하게 교환할 수 있는 기반을 제공하는 것을 목표로 하고 있다. Bolero Project에서는 전자식 선하증권(Electronic B/L)을 포함하여 무역서류 전반에 걸친 전자화를 추구하고 있다.

Bolero Project는 SWIFT와 TT Club(Through Transport Mutual Club ; 영국의 3개 P&I 클럽의 공동설립상호보험조합)에 의해 주도되고 있다. 우리나라에서는 우리은행과 삼성전자(주)가 현재 Bolero의 시험운영을 진행하고 있다. 삼성전자(주), 우리은행, 한진해운, HSBC, ST 마이크로일렉트로닉스의 수출입결제시스템 테스트가 진행 중에 있다. 아직까지는 PC기반에서 간단한 포맷의 문서만 주고받는 정도이다.

그러나 Bolero는 국제 금융결제서비스를 전담하고 있는 SWIFT와 무역운송관련 보험시장을 장악하고 있는 TT Club에 의해서 주도되고 있다는 점에서 앞으로 전자무역 거래와 대금결제방식에 커다란 영향을 줄 것이다.

2) Bolero의 사용절차

Bolero에서 추진하고 있는 무역서류 전체의 전자화에 따른 무역업무 처리절차는 사용자등록절차와 무역거래절차로 나누어져 있다.

그림 1-18 Bolero의 사용절차

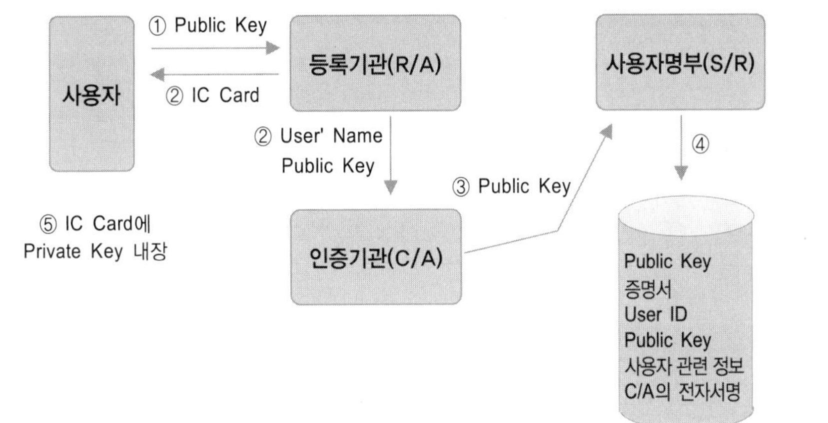

<자료> 한국무역협회

그림 1-19 Bolero의 무역거래 처리절차

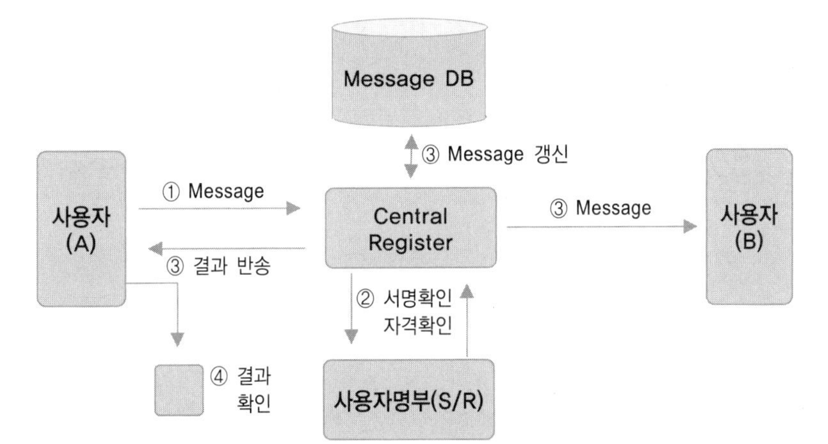

| 표 1-5 | Trade Card 시스템과 Bolero Project와의 비교

항 목	Trade Card 시스템	Bolero Project
메시지 표준	UN/EDIFACT	표준화 작업중
메시지 보안	RSA방식의 디지털 서명	좌동
상업화 목표	신용장 방식에서 벗어난 무역거래의 전자화	전자식 선하증권의 구현 및 무역서류의 전자화
주요 서비스 대상	무역업자	선하증권 거래 관련자
우리나라 참여여부	한국외환은행, 조흥은행 일반무역업자	우리은행 삼성전자(주), 한진해운(주)
무역매매에서의 역할	전자적 계약의 확인 계약이행여부의 확인 대금지급의 결정	전자서명의 인증 무역서류의 관리 통신방법의 제공
주요 추진 주체	WTCA, Trade Card사	SWIFT, TT Club
신용장과의 일치성 확인(서류점검)방법	Trade Card SA의 컴퓨터에 의해 자동수행	종이로 출력하여 점검 전산개발은 선택임
비용 절감	신용장 관련 비용의 절감	선하증권지연과 관련된 비용 절감
서비스의 특징	신용장 없이 무역거래 수행	선하증권의 전자화

9. 해외미수채권의 추심과 환리스크 관리

가. 해외미수채권의 추심

1) 대금지급 독촉

수출미수금은 처음부터 해외바이어가 의도적으로 대금지급을 하지 않으려는 경우에 발생한다. 또한 일시적인 자금사정으로 지급기일을 지키지 못할 수 있다. 수출업체 중에도 2~3개월을 그냥 보내는 경우가 많이 있다. 수출업체는 대금기일 전에 Letter나 Fax나 e-mail을 보내 수입자에게 대금지급일을 다시 한번 상기시켜 주고 지급일 후에는 독촉장(Reminder)을 보내 좀더 적극적인 대처를 해야 한다. 수출자도 기한을 늘려주는 대신에 정확한 기간을 주어야 한다. 수입자로부터 받은 서신은 나중에 법적으로 중요한 증

거자료가 될 수 있다. 주문을 수입자로부터 받은 후부터는 모든 계약이행과정을 e-mail나 fax로 받아 그 문서를 잘 보관해야 한다.

수출대금미수를 예방하기 위해서는 해외바이어와 거래하기 전에 신용조사를 하여 믿을 수 있는 바이어와 거래해야 하고 지급독촉장을 보냈음에도 불구하고 추심이 안되는 경우 해외미수채권 추심전문기관에 추심을 의뢰해야 한다.

2) 수출채권회수(추심)기관

① 우리신용정보(www.wooricredit.com) : 우리신용정보는 국내 최초로 수출업자의 수출대금을 회수하는 추심서비스 및 해외거래의 신용조사서비스를 제공하고 있다. 우리신용정보는 추심업무와 신용조사서비스를 위해 현재 미국등 선진국은 물론 아프가니스탄, 인도네시아 등 리스크가 큰 후진국 등 총 140여 국가와 네트워크를 구축하고 있다.

수출업체들이 우리신용정보와 상담을 통해 대행계약을 체결하면 신용장(L/C), 무신용장방식(D/A, D/P) 등 거래에서 Unpaid된 부도채권 및 부대채권, 수출 후 Due date 경과했으나 장기 미입금중인 채권, Personal Check 또는 송금 Base에 의한 상거래 미수채권, Buyer(채무자) 도산 등으로 부실화된 채권, 대손상각채권, 기타 해외 미수채권 등에 대해 채권추심서비스를 받을 수 있고 수출대금도 회수할 수 있다.

② 기타 기관 : 서울신용평가정보(www.sci.co.kr)는 중국 채권추심전문투자회사 상기 다공사와 업무제휴를 맺고 중국관련채권 추심업무와 신용조회, 투자자문 등의 서비스를 제공한다. 미국 최대 신용정보회사 ABC 코리아(www.abccompanykorea.com)는 해외추심서비스를 제공하고 있다.

나. 환리스크 관리

환율변동은 수출입에 있어서 피할 수 없는 리스크(Risk)이다. 상품의 수출입을 통해 수익을 내더라도 환리스크를 소홀히 관리하면 큰 손실을 입는 경우가 많다. 따라서 등락하는 환율을 효율적으로 관리하는 것은 무역업체의 제2의 수익원을 늘리는 것이다. 특히 환리스크관리에 열악한 환경에 처해 있는 중소무역업체의 관리기법을 대내적 관리기법과 대외적 관리기법으로 나누어 설명하고자 한다.

1) 대내적 관리기법

① **수출네고 및 수입대금 지급시기의 조정** : 기업 내부에서 Lagging, Leading 및 Matching 방식으로 결제시기를 의도적으로 조정하여 환리스크를 줄여 환차손을 막을 수 있다. 예컨대 환율상승(원화가격 절하)시에는 수출어음의 네고(Nego)를 늦추고(Lagging) 수입결제는 앞당긴다(Leading). 수출과 수입의 거래시점과 금액을 맞추어 그 차액을 최소화하는 Matching 기법이 역시 환리스크를 줄이는데 효과적이다.

종합상사들은 Matching 기법으로 수입과 수출부분을 상계처리한 후 나머지 부분에 대해 선물환 헤지(hedge)를 걸 수 있으나 수출입 물량 한 건이 월 수익의 큰 부분을 차지하는 중소무역업체는 이같은 여유가 없으므로 네고당일 환율에 따라 대응하여야 한다.

표 1-6 환리스크관리를 위한 Lagging과 Leading

환리스크관리자	환율의 상승(절하) 및 하락(절상)	관리기법
수출업자 또는 외화대금 영수자	환율상승 (절하)	Lagging
	환율하락 (절상)	Leading
수입자 또는 외화대금 지급자	환율상승 (절하)	Leading
	환율하락 (절상)	Lagging

② **환율과 수출가격의 분리** : 환율이 오르면 해외바이어들은 수출단가의 인하를 요구하는 경우가 많다. 그러나 환율만 믿고 수출가격을 내려주는 것은 피해야 한다. 환율상승을 믿고 수출가격을 인하하면 환율이 떨어

지더라도 이를 되돌리기가 쉽지 않다. 환율은 변동성이 심하지만 수출 가격은 경직적이라는 것을 염두에 두어야 한다.

③ **외화예금의 활용** : 환율변동이 심할 때 수출환어음을 네고해 곧 바로 환전하거나 결제시점에 임박해서 달러를 매입하는 것은 좋은 환리스크 관리기법이 아니다. 자금사정, 외화수급을 고려하여 외화예금을 이용하는 것이 환리스크관리의 출발점이다. 외화예금은 환리스크관리의 기본기법일 뿐만 아니라 환전수수료 절감에서도 유리하다.

④ **환리스크 관리시스템의 접근** : 환리스크관리는 사람보다 시스템으로 접근해야 한다. 가장 이상적인 것은 환포지션(Position)을 정확하게 도출하여 정확한 헤지(hedge)수단과 거래여부를 결정하고 거래에 수반되는 환리스크 부담을 통제하는 시스템을 구축해 놓는 것이다. 이 시스템에는 JP모건의 자회사인 RMG사의 시장위험측정 패키지인 "Risk Manager"라는 위험관리시스템이 있다.

2) 대외적 관리기법

① **외부전문가의 활용** : 환율의 변동을 미리 예측하는 것은 어려운 일이다. 이러한 어려움을 스스로 해결하기보다는 외부전문가 및 외부정보를 활용하는 것이 좋다. 많은 외환정보를 제공하는 웹사이트를 방문하거나 많은 정보를 가지고 있는 은행, 외환전문가(dealer)를 접촉하여 언제 네고(Nego)를 하고 언제 수입대금을 결제할 지에 대해 자문을 받아야 한다.

② **선물환, 통화옵션, 스왑거래 등의 활용** : 환리스크를 헤지하는데 쓸 수 있는 상품은 선물환거래(forward exchange transaction), 통화옵션거래(currency option transaction), 스왑거래(swap transaction)등 매우 다양하다. 그러나 까다롭고, 거래비용이 많이 소요되고 전문지식이 필요한 복잡한 상품은 피해야 한다. 선물환거래란 장래에 이루어질 두 가지 통화의 교환비율(선물환)을 거래액과 함께 계약일에 이미 정해 두고

결제는 계약일로부터 일정기간이 지나서 이루어지는 외환거래를 말한다. 통화옵션거래는 일정기간내 즉 계약만기일에 일정량의 통화를 일정가격으로 사거나 팔 수 있는 계약상의 권리를 갖고 외환거래를 하는 것을 말한다. 통화옵션은 환율이 불리한 방향으로 변화할 때는 환리스크에 대한 헤징(hedging)을 제공해 주고 유리한 방향으로 변화할 때는 이익을 확보해 준다. 스왑거래는 외화거래 당사자가 현물환의 매매와 동시에 이에 대응하는 동일 금액의 선물환거래를 실시하는 것을 말한다. 특정통화를 현물환시장(spot exchange market)에서 매입과 동시에 동액을 선물환시장(forward exchange market)에서 매도하는 경우 현물환율(spot exchange rate)과 선물환율(forward exchange rate)의 차이가 계약일에 고정되므로 예상하지 못한 환리스크를 피할 수 있다.

제2장

신 용 장

1. 신용장의 정의, 형태 및 특성
2. 신용장 당사자와 신용장 종류
3. 수출신용장의 통지와 점검
4. 신용장의 양도
5. 신용장 매입
6. 신용장 조건변경

IDEA

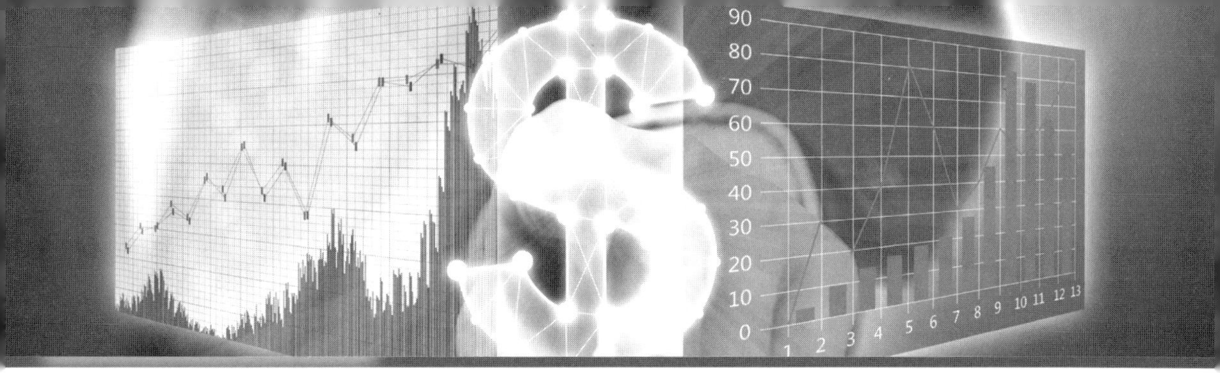

제2장 신용장

1. 신용장의 정의, 형태 및 특성

가. 신용장의 정의와 형태

1) 신용장의 정의

국제상업회의소(ICC)가 제정한 2007년개정 화환신용장에 관한 통일규칙 및 관계(UCP 600)는 그 원문의 명칭대로 화환신용장(documentary credit)을 대상으로 한 규칙이다. UCP 600은 「신용장」의 정의에 관한 규정을 설정하고 있고, 그 내용을 요약하면 다음과 같다.

신용장이란 신용장조건이 충족되는 것을 조건으로 명시된 서류와 상환으로 지급 또는 인수(어음)를 발행은행 스스로 이행하는 것 또는 지급, 인수 또는 매입을 타 은행에 수권하는 것에 대한 발행은행에 의한 「약정」을 의미한다고 볼 수 있다.

신용장의 정의에서 가장 주목해야 될 것은 지급·인수 등이 명시된 서류와 상환으로 이행된다는 것이다. 신용장통일규칙(UCP)에서 말하는 서류란 「상업서류」를 의미하고 있으므로 신용장통일규칙이 대상으로 하고 있는 신용장은 화환신용장(documentary credit)만을 의미한다고 말할 수 있다.

2) 신용장의 형태

신용장이란 수입지의 은행이 신용장에 기재된 대로의 무역에 관한 서류와 상환으로 무역대금의 지급을 수출자 등에 약정하는 서장이다. 무역실무자가 신용장을 이해하는 데는 신용장이 어떠한 형태를 갖고 있는가를 알아야 된다. UCP 600 에서는 [그림 2-1]에서 보는 바와 같이 은행이 발행하는 신용장을 크게 나누어 지급, 인수, 매입의 3개의 형태로 분류하고 있다. 신용장에는 일람지급(sight payment), 연지급(deferred payment), 인수(acceptance) 또는 매입(negotiation) 중의 어느 것에 사용되는가가 명시되고 발행은행에서만 사용될 수 있다고 명시되어 있지 않는 한, 신용장이 사용되는 은행을 지정하여야 한다. 다만 매입에 관한 지정은행은 특정의 은행을 지정하지 않는 한, 모든 은행(any bank)이 지정은행이 된다.

따라서 서류는 발행은행 또는 만약에 있다면 확인은행 또는 지정은행에 제시되어야 한다.

신용장의 형태를 흔히 볼 수 있는 사례로써 설명하면 다음과 같다.

① 매입(Negotiation) : 매입이란 어음 및/또는 선적서류(상업송장, 운송서류 등)의 제시를 받은 은행이 그것의 대가(對價)로서 대금을 지급하는 것이다. 이 대금지급은 매입은행(Negotiating Bank)이 입체지급(융자)을 하는 것이므로 그 은행이 수출자에 대하여 선적후 금융을 한다는 점이 다른 두 가지의 형태(지급, 인수)와 상이한 점이다. 입체 지급한 은행은 매입한 서류를 발행은행에 송부하여 지급을 요구한다(기한부어음이나 연지급의 경우에는 기일에, 일람지급의 경우에는 즉시 지급된다).

② 지급(Payment) : 지급으로 사용되는 신용장은 발행은행이 지정한 은행으로 하여금 수익자에게 지급을 하게 하는 것이다. 미국의 수출자가 미국 달러화 표시 신용장에 의거하여 수출하는 경우에는 미국의 은행에 발행은행의 미국 달러 계정에 있는 것이 보통이므로 지급의 신용장을 이용하는 것이 적합하다. 이에 대하여 한국에서는 자국통화에 의한

수출(원화표시 수출)이 거의 전무하므로 지급방식의 신용장은 거의 이용되고 있지 않다. 선적후 금융인 수출환의 매입에의 의존도가 높으므로 지급 또는 인수의 신용장의 이용이 적다.

③ 연지급(Deferred Payment) : 연지급은 독일의 발행은행 등에서 볼 수 있는 바와 같이 환어음의 발행을 요구하지 않는 사례로서 일람지급의 사례는 어음을 발행하는 경우와 마찬가지로 일람지급이라고 부르는데, 기한부의 경우에는 어음 없이는 어음의 인수라는 어음 행위를 할 수

그림 2-1 신용장의 세 가지 형태

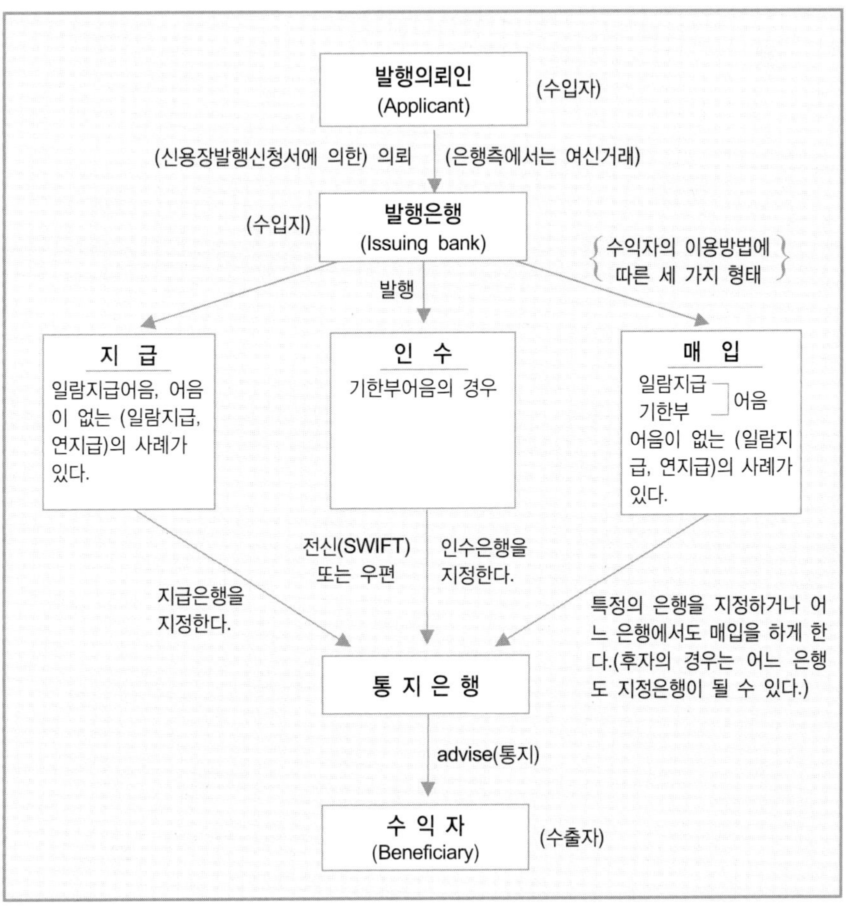

없으므로 인수라고 부르지 않고 연지급이라고 부른다. 종래부터 독일에서 어음을 생략하는 것은 독일의 인지세와 관계가 있지만, 사무절차의 간소화에 그 사용목적이 있다.

④ 인수(Acceptance) : 인수는 발행은행이 인수를 지정한 은행에 신용장에 의거하여 수익자가 발행한 어음을 인수시키고 기일에 지급시키거나 수권하는 것이다.

나. 신용장의 특성

1) 독립성의 원칙

신용장통일규칙(UCP 600)에서는 신용장은 그 성질상 그것이 매매계약에 근거하고 있더라도 그러한 매매계약과는 별개의 거래이고 매매계약에 의해서 어떠한 구속도 받지 않는다는 독립추상성의 원칙을 규정하고 있다. 통일규칙 제3조에서는 「수익자는 어떠한 경우에도 은행간 또는 신용장 발행의뢰인 및 발행은행과의 사이에 존재하는 계약관계를 원용할 수 없다」고 규정하여 특히 수익자측 입장에서 독립추상성의 원칙을 규정하고 있다.

수익자는 매매계약대로 적출을 하고 또한 매매계약에 명시되어 있는 기타 사항을 모두 이행하였다고 주장하더라도 서류가 신용장조건과 일치하지 않을 경우에는 매매계약을 완전하게 이행하였다고 주장하더라도 신용장에 의거한 지급을 받을 수 없다.

2) 추상성의 원칙

신용장통일규칙에서는 「신용장거래에 있어서 모든 관계당사자는 서류를 거래하는 것이지 그 서류와 관련되는 상품, 용역 및 기타 계약이행의 거래를 하는 것은 아니다」고 규정함으로써 서류거래의 원칙을 구체화하고 있다. 조문 중의 「서류의 거래를 한다는 것은 서류를 매매한다」는 뜻이 아니고 신용장조건과 일치되는 서류의 제시만이 신용장에 의한 지급의 요건이 된다는 뜻이다. 발행은행은 이러한 서류와 상환으로 신용장에 의거한 지급을 하면 발행의뢰인에게 상환을 청구할 권리를 취득하게 된다.

이 서류거래의 원칙은 독립추상성의 원칙과 밀접한 관계가 있고, 신용장 발행은행은 이 두 가지 원칙에 의거하여 제시된 서류가 형식적으로 신용장과 일치하고 있는 한 수익자에 대해서는 지급해야 되는 의무를 부담하며, 동시에 발행의뢰인에 대해서는 상환청구권을 취득하게 된다.

2. 신용장 당사자와 신용장 종류

가. 신용장 당사자

신용장이란 수입거래의 매수인(수입자)의 신용을 은행(발행은행)이 보증하는 것, 즉 수입대금의 지급을 은행이 매수인을 대신하여 보증하는 것이다. 따라서 은행이 수입대금의 지급을 확약하면 매도인(수출자)은 안심하고 거래할 수 있다.

신용장 당사자에 대한 기초지식은 수출입실무나 서류의 작성 등에 있어서 필요 불가결한 것이다. 신용장의 당사자 관계는 [그림 2-2]와 같다.

1) 발행의뢰인(Applicant)

매매계약의 당사자인 매수인(수입자)은 매매계약에 따라 신용장을 발행해 주어야 할 의무가 있으므로 매수인이 자기의 거래은행에 매도인(수출자) 앞으로 신용장을 발행하도록 의뢰하는데, 이 매수인을 신용장발행의뢰인(applicant for the credit)이라 부른다. 신용장의 발행의뢰를 개설의뢰라고 부를 때는 신용장개설의뢰인(opener)이라고 부른다.

2) 발행은행(Issuing Bank)

2007년 개정 신용장통일규칙에서는 발행의뢰인의 의뢰에 의하여 신용장을 발행하는 은행을 발행은행(issuing bank)이라고 명시하고 있다. 개설은행(opening bank ; establishing bank)이라고도 부른다.

발행은행은 신용장을 발행하고 이것을 수익자에게 통지하고 이 신용장에 의거하여 수익자가 발행한 어음의 지급, 인수 또는 매입의 의무를 부담한다. 지급, 인수, 매입은행이 신용장조건과 합치되는 서류와 상환으로 지급, 인수, 매입을 하였을 때에는 발행은행은 이들 은행에 대한 상환 또는 어음의 지급, 인수의 의무를 부담한다.

그림 2-2 신용장의 당사자 관계

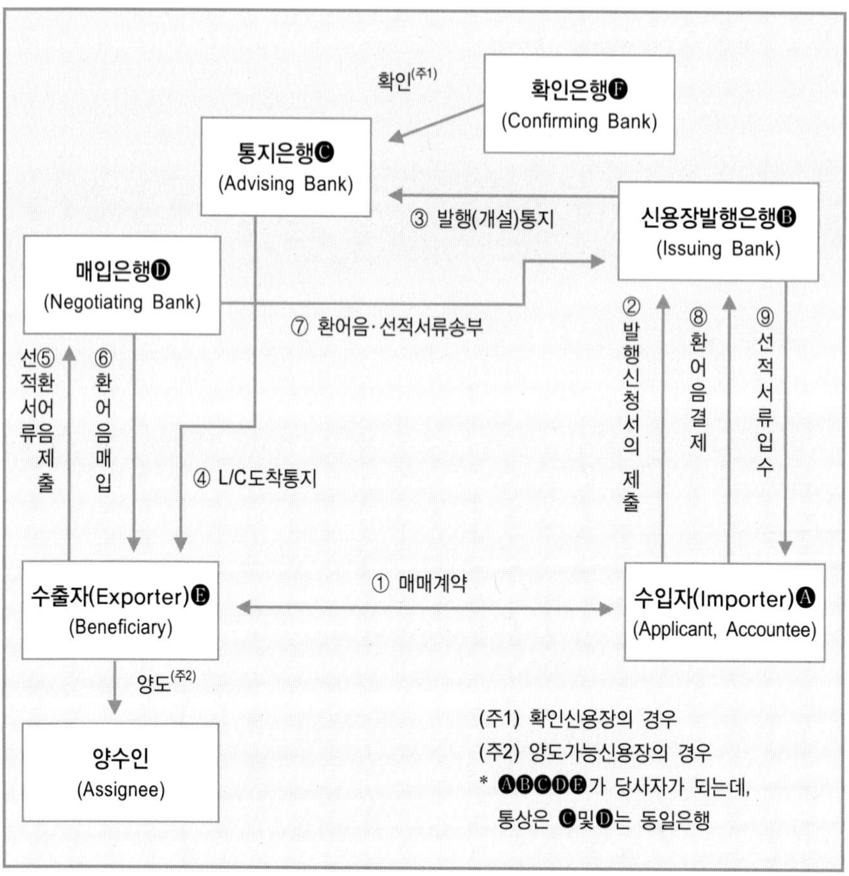

3) 수익자(Beneficiary)

수익자란 신용장에 의한 지급을 받을 권리가 있는 자로서 신용장이 지명하고 있는 자이다.

수익자는 원인계약과의 관계에서는 대부분의 경우 수출자이지만, 신용장 거래의 특성에 따라 수출자로서의 권리 및 수익자로서의 권리와는 전연 관계가 없고, 수익자로서의 권리를 가지는 것은 계약대로의 선적을 행하는 것에 의한 것이 아니고 신용장에 합치된 서류를 제시하는 것에 의한 것이다. 예컨대 수익자가 계약대로의 물품을 선적하였더라도 신용장조건에 합치된 서류를 제시하지 못하면 신용장에 의거한 지급을 받지 못한다.

4) 통지은행(Advising Bank)

신용장 발행은행이 직접 수익자에게 신용장을 통지하지 않고 수익자 소재지에 있는 환거래은행 또는 자기의 지점을 통하여 통지하는 경우 그 통지를 의뢰 받은 은행을 통지은행(advising bank ; notifying bank)이라고 부른다. 통지은행은 어떠한 약속도 부가하지 않고 발행은행으로부터 도착된 신용장을 수익자에게 통지한다. 통지은행은 수익자에게 통지하기 전에 신용장이 외관상 정규적(正規的)으로 발행되었는지를 점검하기 위하여 상당한 주의를 기울여야 한다.

신용장의 통지에 과실 또는 태만이 있을 때에는 통지은행은 발행은행에 대한 책임을 져야 하며 이로 인하여 수익자가 손해를 입었을 경우에는 결국 통지은행이 손해배상의 책임을 진다.

5) 확인은행(Confirming Bank)

신용장은 발행은행에 의하여 그 기능을 발휘하지만, 발행은행이 수익자의 소재지와 멀리 떨어진 장소에 있기 때문에 수익자는 그 발행은행의 신용상태를 알 수 없다. 따라서 신용장의 발행은행 이외의 은행(환거래은행)이 발행은행의 의뢰에 의거하여 그 신용장에 자행(自行)이 환어음의 인수, 지급을 한다는 확약을 부가하는 것을 신용장의 확인이라 한다. 이러한 확인의 확약을 부가한 은행을 확인은행(confirming bank)이라고 부른다. 확인은행은 통지은행이 되는 경우도 있지만 국제적으로 신용이 있는 은행 또는 수익자 소재지의 일류은행이 확인은행이 된다.

6) 지정은행(Nominated Bank)

지정은행이란 발행은행으로부터 지급, 인수 또는 매입을 행하는 것을 위임받는 은행이고 어느 은행에서도 매입 가능한 신용장(Freely Negotiable Credit)의 경우에는 불특정의 어느 은행도 지정은행이 될 수 있다.

지정은행 이외에 은행은 지급, 인수 또는 매입의 위임을 받고 있지 않으므로 지급, 인수 또는 매입을 하여도 신용장에 의거하여 권리를 얻을 수 없고 또한 UCP의 규정에 의한 보호도 받을 수 없다.

7) 상환은행(Reimbursement Bank)

상환은행은 발행은행으로부터 위임을 받아 지급, 인수 또는 매입을 한 은행으로부터의 상환청구에 따라 발행은행을 대신하여 상환을 한다.

상환을 위한 자금에는 두 가지가 있다. 그 하나는 상환은행에 있는 발행은행의 계정이고 이것을 자금으로 하는 경우에는 상환의 위탁 중에 발행은행 계정의 인출지시가 포함하게 된다. 또 하나는 상환은행에 의한 자금의 입체이다. 이것은 상환은행의 발행은행에 대한 대부금이라고 생각할 수 있고 대부기간에는 장기의 것도 있고 몇 일밖에 안되는 단기의 것도 있다.

8) 양도은행(Transferring Bank)

양도은행은 제1수익자의 의뢰를 받아 제2수익자에 대하여 신용장의 양도통지를 하는 은행이고 UCP 600은 양도은행의 권리, 의무에 관한 상세한 규정을 두고 있다.

나. 신용장의 종류

1) 취소불능신용장(Irrevocable Credit)

취소불능신용장은 발행은행, 수익자 및 신용장에 확인이 부기되어 있는 경우에는 확인은행의 동의 없이는 조건변경이나 취소도 할 수 없는 신용장이고 신용장에 의한 지급을 하겠다는 수익자에 대한 발행은행의 확약이다. 미국상법전 §5-106조 2항도 이와 같은 취지로 취소불능신용장을 정의하고 있다. 취소불능(Irrevocable) 또는 취소가능(Revocable)의 표시가 없는 경우에는 2007년 개정 신용장통일규칙에 의거하여 그 신용장은 취소불능의 것으로 간주된다.

2) 취소가능신용장(Revocable Credit)

취소가능신용장은 수익자에게 사전 통지 없이 어느 시점에 있어서나 발행은행이 조건변경을 하거나 또는 취소할 수 있는 신용장이다.

3) 일람지급신용장(Sight Payment Credit), 연지급신용장(Deferred Payment Credit), 인수신용장(Acceptance Credit) 및 매입신용장(Negotiation Credit)

UCP600은 「모든 신용장은 일람지급, 연지급, 인수 또는 매입 중 어느 것에 의하여 사용되는가를 명확히 표시하여야 한다」고 규정하고 있다. 신용장통일규칙은 수익자가 신용장의 지급을 받기 위한 방법 즉 신용장의 사용방법에 따라 다음 4종류의 신용장으로 분류하고 있다.

① 일람지급신용장(Sight Payment Credit) : 지급은행으로 지정된 은행이 서류와 상환으로 지급을 하거나 그 은행을 지급인으로서 발행된 일람불어음을 지급하는 것을 명시한 신용장이다.

② 연지급신용장(Deferred Payment Credit) : 기한부어음의 발행을 요구하지 않고 서류의 제시만을 요구하고 지급은 예컨대 「운송서류의 발행일 후 180일」처럼 신용장조건에 의해서 결정되는 (만)기일에 하는 것

을 명시한 신용장이다.

③ 인수신용장(Acceptance Credit) : 인수은행으로서 지정된 은행이 그 은행을 지급인으로 하여 발행된 기한부 환어음을 인수하는 것을 명시하고 있는 신용장이다.

④ 매입신용장(Negotiation Credit)과 Straight Credit : Negotiation L/C란 신용장 발행은행이 지급을 어음의 발행인(drawer), 배서인(endorser), 선의의 소지인(bona fide holder)에 대하여 확약하고 있는 신용장을 말한다.

4) 무확인신용장(Unconfirmed Credit)과 확인신용장(Confirmed Credit)

① 무확인신용장(Unconfirmed Credit) : 발행은행 이외의 은행에 의한 확인이 부가되어 있지 않은 신용장을 무확인신용장이라고 부른다.

② 확인신용장(Confirmed Credit) : 발행은행 이외의 은행이 타행발행의 취소불능신용장에 대해서 그 신용장에 의거한 지급, 인수 또는 매입을 확약하는 것을 확인이라 하고 그러한 확인이 부가된 신용장을 확인신용장이라고 부른다.

5) 양도가능신용장(Transferable Credit) 및 양도불능신용장(Non-Transferable Credit)

원신용장의 수익자인 최초의 수익자(제1수익자 ; first beneficiary)가 제3자의 자(제2수익자 ; second beneficiary)에게 신용장의 전부 또는 일부를 사용하는 권리를 양도하는 것을 인정하고 있는 신용장을 양도가능신용장이라 한다. 신용장통일규칙에서는 발행은행에 의해서 "transferable"이라고 명확하게 지정되어 있는 신용장만을 양도가능신용장이라고 한다. 이러한 신용장의 양도를 받은 제2수익자는 양도받은 신용장에 의거하여 자기의 명의로 적출하고 자기의 명의로 신용장에 의한 지급을 청구하는 권리를 취득하게 된다. 발행은행에 의하여 신용장 면에 "transferable"이란 문언이 명시되지 않아 원신용장의 수익자(제1수익자)가 제3자(제2수익자)에게 양도할 수 없는 신용장을 양도불능신용장(Non-Transferable Credit)이라 한다.

신용장의 양도는 종래에는 제1수익자가 신용장에 그 신용장을 양도하는 취지를 기재한 증서를 첨부하여 직접 제2수익자에게 인도하는 방법이 채택되는 일도 있었지만 UCP 600은 제2수익자에 대한 양도통지가 당해 신용장에 의한 지급, 인수 또는 매입을 하는 자격이 있는 은행을 통하여 행하여지는 것을 전제로 하여 신용장의 양도에 대한 규정을 설정하고 있으므로 현재는 반드시 은행(양도은행)을 통하여 양도통지를 하고 있다.

우리 나라의 경우 무역업의 신고를 하지 않는 업자는 직접 자기 명의로 수출할 수 없으므로 수출신용장을 무역업 신고를 한 무역업자에게 양도하여 그 신고무역업자 명의로 수출한다.

전술한 이유로 양도가능신용장제도가 제정되었고 1회에 한하여 양도를 허용한다. 분할적출이 금지되어 있지 않는 한, 제1수익자는 제2수익자로서 A, B, C에게 3분의 1씩 분할양도 할 수 있다. 다만 A, B, C는 다시 기타의 자에게 양도할 수 없다.

> This credit is transferable.
> This credit is transferable only to XYZ Co. Ltd.

6) 내국신용장(Locla Credit)

① 내국신용장의 의의

내국신용장(local L/C)은 수출용완제품 또는 수출용원자재의 국내공급업체에게 대금결제의 확실성을 보장해 주기 위하여 물품구매자를 개설의뢰인으로 하고 공급자를 수혜자로 하여 외국환은행이 발급하는 국내업자 간 지급보증제도를 의미한다.

내국신용장은 융자대상증빙(신용장기준금융) 또는 과거수출실적(실적기준금융)을 보유한 국내 수출업체가 수출물품을 제조 · 가공하는데 소요되는 수출용원자재 또는 수출용완제품을 국내 다른 업체로부터 원활하게 조달하기 위하여 국내공급업체를 수혜자로 하여 외국환은행인 개설은행이 지급 확약한 국내용 신용장이다.

수출업체는 내국신용장에 의하여 수출용원자재 또는 완제품을 간편하고 원활하게 조달할 수 있으며, 수익자가 내국신용장에 의하여 공급한 실적은 융자대상수출실적으로 인정된다.

원 신용장(original credit)의 수익자인 수출자가 수출상품 생산에 필요한 원료 공급자나 협력업체 앞으로 자기가 받은 신용장을 견질로 하여 자기 거래은행으로 하여금 제2의 신용장을 개설해 주게 하는데, 이와 같은 방법으로 개설된 신용장을 내국신용장(local credit)이라고 한다. 이 내국신용장(local credit)을 개설하는 취지는 양도가능신용장(transferable credit)의 경우와 비슷하지만, 'transferable credit'은 원 신용장이 개설될 때 신용장상에 양도 가능한(transferable) 것이 표시되어 있는데 반하여, local credit은 일정한 요건을 갖춘 신용장이면 다 발급될 수 있다. 내국신용장은 수출자로 하여금 수출상품 또는 수출용 원자재를 국내에서 조달할 수 있게 하는 역할을 해주는 동시에 공급업자에 대해서는 대금지급보증 및 수출지원 금융을 융자 · 지원해 줄뿐만 아니라 무역관리 및 세제 면에서 내국신용장에 의한 공급실적을 수출실질적으로 인정하여 원 신용장의 경우와 동일한 혜택을 줌으로써 국산원자재의 사용촉진 및 외화가득률 제고 시책으로서 중요한 기능을 갖고 있다. Local Credit은 Domestic Credit, Secondary Credit, Subsidiary Credit 등으로도 불리고 있다. 내국신용장의 업무 흐름은 다음과 같다.

② 내국신용장의 거래당사자

㉮ 개설의뢰인(구매자)

수출용원자재 또는 수출용완제품을 내국신용장 방식에 따라 구매(또는 임가공 위탁)하고자 하는 업체로서 동 내국신용장 대금의 지급의무를 부담하게 된다. 개설의뢰인의 자격은 원칙적으로 무역금융의 융자대상자, 즉, 수출신용장 등을 보유한 자, 자사제품 수출실적 보유자 및 타사제품 수출실적 보유자에 한한다.

㉯ 수혜자(공급자)

당해 내국신용장의 공급대상 물품을 제조, 생산(또는 임가공 수탁)하여 개설의뢰인에게 매도하는 업체 또는 유통업자 등이 가능하다.

㉰ 개설은행(외국환은행)

개설의뢰인의 신청으로 내국신용장을 개설하는 국내 외국환은행으로서 개설의뢰인이 거래하는 은행이며, 개설의뢰인에 대한 무역금융 융자취급은행이다.

㉱ 매입은행

내국신용장 수혜자가 물품공급을 완료한 후 동 공급대금을 회수할 목적으로 발행한 환어음을 매입 또는 추심 의뢰하는 국내 외국환은행이다.

| 표 2-1 | 내국신용장의 주요기능

<table>
<tr><th>개설의뢰인 (구매자)</th><th>수혜자 (공급자)</th></tr>
<tr><td rowspan="3">1. 수출용 원자재 또는 수출용 완제품을 간편하게 확보·조달할 수 있는 수단</td><td>1. 은행의 지급보증으로 물품공급대금 회수보장</td></tr>
<tr><td>2. 대외무역법상 수출실적 및 융자대상 수출실적</td></tr>
<tr><td>3. 부가가치세 영세율 적용</td></tr>
<tr><td rowspan="3">2. 내국신용장환어음의 결제자금으로 무역금융(원자재 지금)이용, 결제 지금 부담 경감</td><td>1. 일반수출입 금융의 융자수혜기능</td></tr>
<tr><td>2. 내수거래에 비하여 물품공급대금의 조기회수</td></tr>
<tr><td>3. 관세환급기능</td></tr>
</table>

7) 회전신용장(Revolving Credit)

동일한 거래처와 동일상품을 일정기간에 걸쳐 계속적으로 거래하는 경우 거래할 때마다 신용장을 개설하려면 개설의뢰인측에 많은 시간, 노력 및 비용이 들게 된다. 또 거래예상액 전액을 한꺼번에 개설한다면 너무 과중한 자금을 부담해야 하므로 이런 경우 일정한 기간동안 일정한 범위 내에서 신용장금액이 자동적으로 갱신되도록 되어 있는 신용장을 사용하며 이 신용장을 회전신용장(revolving credit ; self-continuing credit)이라고 한다.

신용장통일규칙에는 Revolving Credit에 대한 어떠한 규정도 명시되어 있지 않으므로 신용장의 회전방법에 대해 오해가 없도록 신용장에 명확한 조항을 명시해야 한다. Revolving Credit에는 다음과 같은 문언이 기재된다.

> This credit is revolving and non-cumulative, and the full amount becomes available in Korea on the 1st business day of each succeeding calendar month.
>
> The unused portion of any month period is not cumulative to the succeeding months.

8) 보증신용장(Standby Credit)

Standby Credit란 수입물품 대금의 결제를 목적으로 발행되는 신용장이 아니고 금융의 목적으로 발행되는 일종의 무담보신용장(Clean Credit)을 말한다. 예컨대 국내상사의 해외지점이 본사 물품을 수입하기 위하여 신용장을 개설한다던가 또는 현지, 즉 해외지사 소재지의 외국은행으로부터 금융의 편의를 받고자 하는데 담보가 부족한 경우에 국내 본사가 국내 거래은행에 의뢰하여 해외지사의 거래은행을 수익자로 하는 Standby Credit를 개설해 주면 해외지사의 거래은행은 이것을 담보로 하여 수입신용장을 개설해 주던가 금융의 혜택을 줄 수 있게 된다. Standby Credit를 발행하는 경우는, ① 전술한 예 외에, ② 국제입찰보증금(bid bond) 또는 계약이행보증금(performance bond)을 걸 때, ③ 수입업자로부터 Red Clause Credit를 받은 수출업자가 선수금 영수 후, 선수금 금융의 담보로 선수금을 받은 국내 거래은행을 통하여 Red Clause Credit 발행은행 앞으로 Standby Credit를 개설하는 경우도 있다.

9) 매입은행 지정 신용장(Special[Restricted] Credit) 및 매입은행 불지정 신용장(General[Open] Credit)

General(Open) L/C는 신용장면에 수익자가 발행하는 어음의 매입은행이 지정되어 있지 않은 신용장을 말한다. Special(Restricted) L/C는 신용장 면에 매입은행이 지정되어 있는 신용장을 말한다. Special L/C에 기재된 문언은 다음과 같다.

"Draft drawn under this credit are negotiable through the Woori Bank, Ltd., Korea only.(이 신용장에 의거하여 발행된 어음은 한국에 있는 우리은행을 통해서만 매입이 가능하다.)", "Negotiation under this credit are restricted to the Korea Exchange Bank.(이 신용장에 의거한 매입은 한국외환은행에 한정되어 있다.)", "This credit is available only through the Woori Bank.(이 신용장은 우리은행을 통해서만 이용 가능하다.)"

10) 선수금(전대)신용장(Red Clause[Packing] Credit)

수출업자가 계약상품의 생산, 집하 및 구입자금으로 쓸 수 있도록 신용장 발행의뢰인이 통지은행에 일정한 조건하에 수출업자(수익자)에게 수출대금을 선불(advance payment)해 주도록 허용한 신용장을 Packing Credit라고 하며, 이 선불허용 약관이 붉은색으로 표시가 되어 있어 Red Clause Credit 라고도 한다.

11) 상환청구 가능 신용장(With Recourse Credit)과 상환청구 불능 신용장(Without Recourse Credit)

With Recourse L/C는 어음발행인(수출자)이 상환의무를 부담하는 L/C로서 어음의 지급인(수입자)이 어음대금을 지급하지 않았을 때 매입은행이 어음발행인에게 이미 지급한 어음대금을 청구할 수 있는 L/C이다. Without Recourse L/C는 어음발행인(수출자)에게 상환의무를 부담시키지 않는 어음을 발행하도록 허용한 L/C이다.

12) 동시개설신용장(Back-to-Back Credit)

연계무역을 상호간에 엄격하게 이행하기 위하여 사용되는 신용장으로서 A국과 B국 양쪽에서 개설된 신용장은 동일금액으로 상계되지 않으면 효력을 발생할 수 없다는 조건이 붙은 신용장이다. 미국에서는 내국신용장(Local Credit)을 Back-to-Back Credit라고 부른다.

13) 기탁신용장(Escrow Credit)

Escrow Credit이란 두 나라 사이의 무역균형화를 위해서 사용되고 있는 연계무역방식의 대금결제 수단으로 이용되고 있는 신용장을 말한다. Escrow Credit은 수입자가 수입신용장을 개설할 때에 신용장의 한 조건으로 그 신용장에 의해 발행되는 어음의 매입대금을 수익자(수출자)에게 지급하지 않고, 수익자 명의의 「에스크로」계정(escrow account)에 기탁하여 두었다가 그 수익자가 원 신용장 발행의뢰인으로부터 수입하는 상품의 대금결제에만 사용하도록 규정한 신용장을 말한다.

14) 토마스신용장(Tomas Credit)

Tomas Credit는 Back-to-Back Credit와 유사하며 유환 연계무역에서 사용된다. 수출입 양측이 서로 동액의 신용장을 동시에 개설하지 않고, 한쪽은 먼저 신용장을 개설하고 동액만큼 일정기간이 지난 후에 신용장을 개설하겠다는 보증서를 발행하는 것을 상대방으로부터 내도한 신용장의 발효조건으로 하는 신용장을 Tomas Credit라고 한다.

3. 수출신용장의 통지와 점검

가. 수출신용장의 의의

수출신용장이란 외국의 수입업자가 우리나라 수출업자로부터 물품을 수입하기 위하여 수입업자의 요청으로 수입업자 소재지의 거래은행(issuing bank)이 우리나라 수출업자를 수익자(beneficiary)로 하여 개설한 신용장이 우리나라 외국환은행(advising bank)을 통하여 우리나라 수출업자에 내도한 신용장을 말한다. 또한 수입신용장(import L/C)이란 우리나라 수입업자가 외국의 수출업자로부터 물품을 수입하기 위하여 수입업자의 요청으로 우리나라 외국환은행(issuing bank)이 외국의 수출업자를 수익자로 하여 발행한 신용장을 말한다. 따라서 Export L/C와 Import L/C는 결국 동일한 신용장으로 입장을 달리하여 표현을 달리한 것뿐이다. 신용장은 수입업자의 거래은행이 발행하는 것이지만 신용장을 수취하는 수출업자의 입장에서 보면 Export L/C이고, 발행하는 수입업자의 입장에서 보면 Import L/C가 된다.

나. 우편신용장 및 전신신용장의 통지

신용장 발행은행은 거래처(수입자)의 의뢰로 발행한 신용장을 수익자(수출자)가 있는 국가의 환거래은행에 송부하여 수익자에의 통지를 의뢰한다. 이 의뢰에 따라 신용장을 수익자에게 통지하는 은행을 통지은행(advising bank)이라고 한다.

2007년 개정 신용장 통일규칙(UCP 600)은 통지 받는 은행은 어떠한 약정도 없이 신용장을 통지할 수 있고 통지하는 것을 택한 경우 및 통지하지 않은 것을 택한 경우로 나누어 무엇을 해야 하는가를 규정하고 있다.

먼저 통지하는 것을 택한 경우에는 외관상의 진정성(眞正性)을 점검하기 위하여 상당한 주의를 기울여야 된다는 것을 규정하고 있다.

구체적으로는 다음 [그림 2-3]과 같은 방법으로 진정성을 확인한다.

그림 2-3 신용장발행에서 수출자의 내용점검까지의 흐름(Airmail, Full Cable Advice방식)

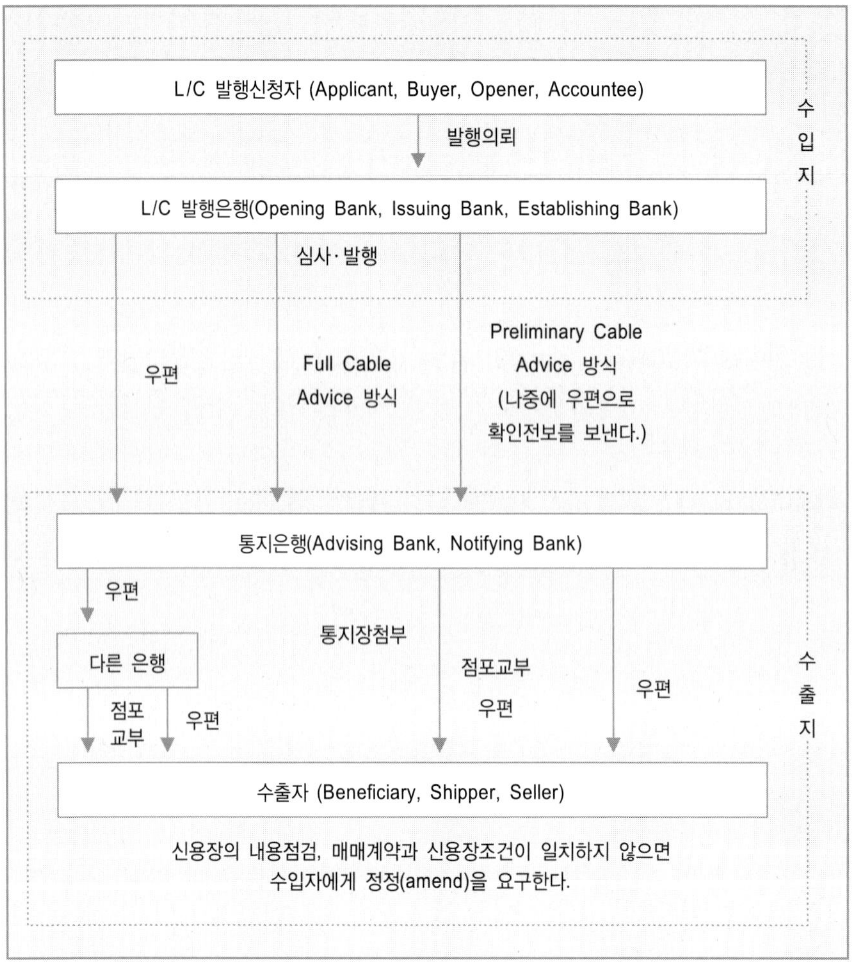

1) 우편신용장의 경우

신용장을 우편으로 발행하는 경우 발행은행은 covering letter, 신용장원본 및 사본 1통을 통지은행 앞으로 우송한다. 통지은행은 신용장에 있는 서명자의 진위를 서명감(authorized signature) 또는 microfiche를 이용하여 확인하고 일치하면 signature verified란 고무인을 찍고 취급자가 서명한다.

약식전보(short cable)가 있는 우편신용장을 통지하는 경우, 약식전문이 내도하면 먼저 전문상의 통지 test를 확인하여야 한다. 전문내용을 약식전문 통지장에 타자하여 수익자에게 송부한다.

2) 전신신용장의 경우

전신으로 발행된 전신신용장을 접수한 통지은행은 test key에 의해서 전신의 진위를 확인한다. 정식전문(full cable)의 경우에는 전문내용을 그대로 통지서 양식에 옮겨 작성한다. code 사용의 경우 전신에서 지정한 code와 전문을 이용하여 전신신용장 양식에 옮겨 작성한다.

전신에 "details to follow" 등의 문언이 있으면 정식전문이 내도하는데 전신신용장과 별도의 통지번호를 부여하는 일이 없도록 주의하여야 한다. 그러나 아무런 말이 없거나 "no mail confirmation will follow"라는 문언이 있을 때에는 전신신용장 자체의 통지로서 통지가 끝난다.

2007년 개정 신용장통일규칙 제7조 b항은 이 밖에 통지은행이 서명이나 Test Key를 대조할 수 없어 신용장의 진정성을 확인할 수 없었던 경우에는 그 취지를 지체 없이 발행은행에 통고하여야 된다는 것을 규정하고 있다. 진정성을 확인할 수 없음에도 불구하고 수익자에게 신용장을 통지하는 것을 택한 경우에는 신용장의 진정성을 확인할 수 없었다는 취지를 수익자에게 통고하여야 된다고 규정하고 있다.

다. SWIFT 신용장의 EDI 통지

1) SWIFT 및 SWIFT Credit의 개념

SWIFT는 Society for Worldwide Interbank Financial Telecommunication의 약칭이다. 미국, 유럽 등 15개국의 은행들이 중심이 되어 1973년 5월에 국제간 외환송금, 국제기관간 자금이체·추심, 상업신용장 및 자본거래와 같은 외국환거래의 메시지를 전달하기 위한 국제데이터통신망을 구축하기 위하여 설립되었다. 한국도 76번째로 1992년 3월에 가입하였다. 우리나라 은행 거의 대부분이 가입하였다. 이 SWIFT는 데이터통신의 국제적 조직으로서 자금결제능력은 없다.

이 SWIFT를 이용하면 종전의 전통적인 결제방법(우편, 팩스, 텔렉스)에서 벗어나 신속·정확하고 안전한 자금결제업무처리를 할 수 있다.

스위프트신용장(SWIFT Credit)은 신용장의 발행 및 통지의 수단으로 은행간 SWIFT를 이용하는 것으로서 EDI 방식에 의해 발행되는 신용장을 말한다.

2) SWIFT와 EDI

SWIFT는 국제금융기관간의 서류 없는(Paperless) 자금결제 업무처리 시스템이고 EDI(Electronic Data Interchange ; 전자문서교환)은 은행과 무역유관기관 및 무역업자간의 무역업무를 서류(paper) 대신 전자문서로 처리하는 시스템을 말한다.

4. 신용장의 양도

가. 신용장 양도의 사유

신용장의 수익자는 신용장조건에 합치된 서류를 제시하면 그 대가를 수령하는 권리를 갖고 있으므로 제3자가 마음대로 신용장을 이용하는 것도 또한 원칙으로 수익자가 신용장 자체를 제3자에게 양도하는 것도 인정되지 않는다.

그러나 거래에 따라서는 신용장을 양도해야 하는 경우가 있다. 신용장이 양도되는 경우는 다음과 같다.

① 무역업 고유번호가 없는 자가 신용장을 받은 경우 무역업 고유번호가 있는 자에게 수출을 이행하게 하기 위하여 양도하는 경우
② 수익자가 당해 물품에 대한 쿼터(quota)를 갖고 있지 않는 경우
③ 수출지에 있는 수입자의 대리점 또는 지사가 먼저 신용장을 일괄적으로 받아 놓고 실수출자에게 신용장을 일부씩 양도하는 경우
④ 중간차익의 취득을 목적으로 L/C를 타사에 양도하는 경우

매도인과 매수인 사이에 체결된 매매계약서의 신용장 조건이 양도가능신용장이면 양도가 가능하고 또는 수익자가 어떤 사정으로 신용장의 이행이 불가능하여 제3자에게 양도해야 하는 경우 신용장을 양도가능으로 조건변경하면 양도가 가능하다. 양도가능신용장(transferable credit)이란 신용장면에 "양도가능"(transferable)이란 문언이 명확하게 표시되고 원 수익자(제1수익자)가 제2수익자 또는 수명의 수익자에게 신용장의 전부 또는 일부를 양도할 수 있는 신용장을 말한다. 수익자가 신용장을 제3자에게 양도할 수 없는 신용장을 양도불능신용장(non-transferable credit)이라고 한다.

그림 2-4 신용장의 양도

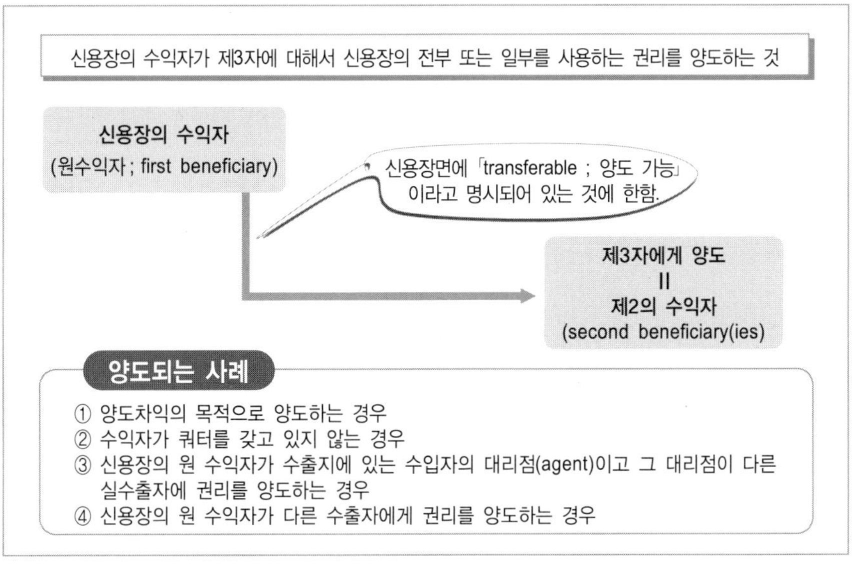

| 표 2-2 | 신용장 양도시 변경할 수 있는 점

감액, 단축할 수 있는 점
금액, 단가, 유효기한, 선적일 후의 서류제시의 최종기일, 선적기한

~ 중의 어느 것 또는 모든 것

증가될 수 있는 점
원 신용장 또는 신용장통일규칙에 명시된 부보금액을 만족시키는 방법으로 부보해야 되는 율

신용장 발행의뢰인명
제1수익자 명으로 대체된다.

나. 신용장의 단순양도와 조건변경부 양도

1) 단순양도

신용장의 원 수익자(1st beneficiary)가 원신용장(master credit) 조건변경 없이 원수익자의 명칭만 변경하여 신용장을 제2수익자(2nd beneficiary)에게 양도(transfer)하는 것을 단순양도라고 하며 국내신용장의 양도는 대부분이 단순양도이다. 원 신용장에 대한 수출업무는 양수인이 이행하고 양도인에게는 수수료를 지급한다.

2) 조건변경부 신용장 양도

조건변경부 신용장 양도란 원 신용장의 수익자(1st beneficiary)가 신용장 양도에 따른 양도차익 취득을 목적으로 원 신용장의 금액, 단가, 유효기일, 서류제시기일, 최종선적기일을 감액 또는 단축하여 제2수익자에게 원 신용장을 양도하는 것을 말한다. 조건변경부 신용장 양도는 신용장 수익자나 금융기관 모두에게 유리한 거래이고 세계적으로 많이 이용되고 있다.

5. 신용장 매입

수출자는 선적을 환류한 후 환어음과 선적서류를 준비하여 제시하면 지정은행(nominated bank)은 이를 매입함으로써 수출대금을 회수한다.

매입(negotiation)이란 수출자가 제시한 서류가 신용장 조건을 충족하고 있는지 심사한 후 매입은행이 자신의 자금으로 대금을 지급하는 것을 의미한다. 매입은행은 수출자의 매입신청에 응해야 할 의무가 없지만 매입을 실행하는 경우 다음사항을 확인한다. 첫째, 서류가 신용장의 조건과 일치하게 작성되었는지를 엄밀 일치 원칙에 따라 확인한다. 둘째, 매입은행은 개설은행으로부터 대금이 입금되지 않을 경우 수출자로부터 반환을 요청하는 어음의 상환청구권(recourse right)이 있어야 한다.

매입 시 유의사항은 다음과 같다.

첫째, 매입은행이 지정되어 있는 경우 네고는 지정된 은행에서 하여야 하며, 부득이 지정은행이 아닌 거래은행에 매입시킬 경우 재매입(re-nego) 절차를 밟아야 한다.

둘째, 어떠한 경우라도 유효기일 내에 지정은행으로 앞으로 서류를 제시하여야 한다. 선적기일(shipping date), 서류제시기일(presenting date), 신용장유효기일(expiry date) 모두를 충족해야 한다.

셋째, 유효기일이 은행의 휴업일에 해당하는 경우 그 다음 최초 영업일까지 유효기일이 연장된다. 하지만 선적을 위한 최종일도 연장되는 것은 아니다.

매입에 필요한 구비서류는 다음과 같다.

첫째, 화환어음거래약정서 및 명판(인감신고서), 매입신청서, 신용장 원본이 필요하다. 환어음거래약정서는 최초 거래 시 한번만 제출하며 은행이 제시하는 서류에 수출자가 기명날인하면 된다.

둘째, 금융서류로써 환어음이 필요하다. 환어음은 지급신용장, 연지급신용장의 경우는 원칙적으로 신용장을 요구하지 않지만 가끔 요구하는 경우도 있다.

셋째, 선적서류로서 운송서류(B/L, AWB, CTD, Post Receipt 중 한 가지), 보험서류, 상업송장, 포장명세서, 원산지증명서 등이 필요하다.

매입절차는 다음과 같다.

① 매입신청(접수증 발급)

② 기장(은행비치 매입대장에 기록)

③ 신용장 조건과 일치여부 및 서류 상호간 모순 조사

④ 보완지시(송장, 어음 등 정정이 가능한 서류에서 사소한 하자의 경우)

⑤ 매입이행, 신용장액면 금액에서 수출금융금액, 제수수료·이자 등을 공제한 잔액을 수출자 계정에 입금시친 후 계산서만 수출자에게 지급한다.

신용장 원본은 그 뒷면에 매입사실을 기재한 후 수출자에게 지급한다.

⑥ Covering Letter작성한다. 대금결제은행에 서류를 송부할 때 첨부하는 송부서류의 겉장으로써 매입사실, 서류의 명세, 검토의견, 상환청구이행여부 등에 관한 사항을 지정서식에 표시한다.

⑦ 서류의 발송, 신용장에 별도의 지시가 없으면 분실 등에 대비 2개조로 나누어 2회에 걸쳐 송부한다.

⑧ 상환요청서를 실제로 대금을 지급할 상황은행 앞으로 발송한다.

6. 신용장 조건변경

가. 신용장 조건변경의 의의

신용장을 받은 수익자가 신용장의 원래 조건대로 이행할 수 없거나 신용장의 조건이 매매계약과 다를 경우 개설의뢰인에게 신용장 조건변경

(amendment) 또는 취소(cancellation)를 요구하게 된다.

취소불능신용장의 조건변경은 원칙적으로 개설은행, 수익자, 확인은행(확인신용장에 한함) 등 기본당사자 전원의 합의가 있어야 가능하다. 개설의뢰인은 개설은행을 통하여 의사표시를 하기 때문에 개설의뢰인은 조건변경의 당사자로 보기 어렵다.

신용장의 조건변경은 신용장의 유효기간 내에 이루어져야 한다. 신용장의 조건변경은 통상 수익자가 요청한다. 때로는 개설의뢰인이 일방적으로 개설은행을 통하여 조건변경을 요청하는 경우도 있다. 이 경우 수익자는 조건변경사항의 승낙여부에 대하여 선택권을 보유하고 있으므로 승낙여부를 서류제시기일까지 유보할 수 있다.

나. 신용장 조건변경의 내용

조건변경의 주요 내용은 다음과 같다.

첫째, 신용장금액의 증감에 관하여 신용장금액의 증감폭을 'by~'로 표현하며, 변경 후의 최종금액을 'to~'로 표현한다.

둘째, 선적 및 유효기일의 연기와 관련하여 "The latest shipment and expiry date extended to October 31 and November 15, 20xx respectively." 등으로 기재한다. 선적기일의 연장으로 유효기일은 같은 기간만큼 자동으로 연장되지만 신용장의 유효기일이 연장된다고 선적기일이 자동으로 연장되지 않는다.

셋째, 선적항이나 도착항이 변경될 수도 있다.

넷째, 환적이나 분할선적 등 선적방법의 변경은 원신용장 개설시 금지되어 있던 것을 허용하는 쪽으로 변경하는 것이 일반적이다.

다섯째, 품명, 단가, 정형거래조건 등을 변경할 수 있으나 수익자에게 결정적인 영향을 줄 수 있는 이러한 항목에 관하여는 수익자의 동의가 필요하다.

제3장

신용장 관련 선적서류

1. 신용장의 요구서류와 은행의 수리요건
2. 선하증권과 해상화물운송장
3. 보험서류
4. 상업송장
5. 영사송장, 세관송장 및 원산지증명서

IDEA

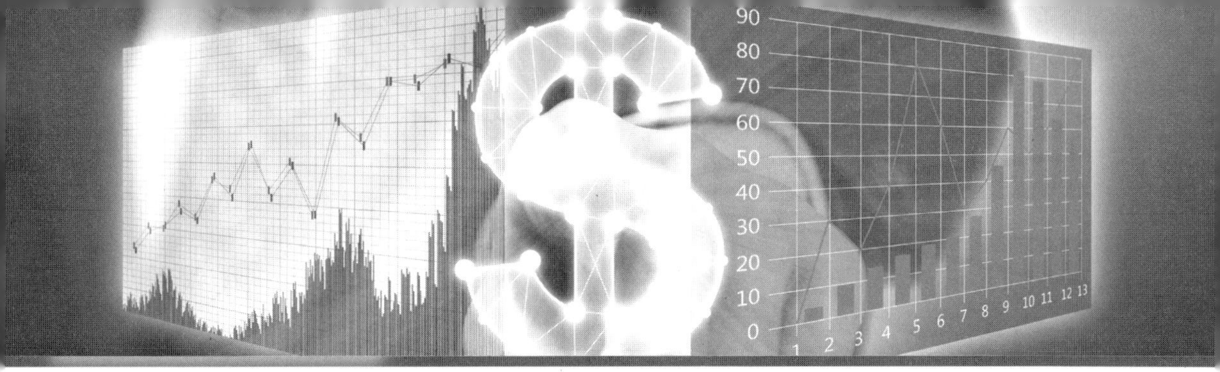

제3장 신용장 관련 선적서류

1. 신용장의 요구서류와 은행의 수리요건

가. 신용장의 요구서류

1) 신용장에 의거한 서류작성

수출자는 신용장을 통지은행으로부터 입수하면 그 내용을 충분히 점검한다. 문제가 없으면 신용장의 지시대로 서류를 작성하고 선적, 통관 등의 준비를 한다. 수출자는 신용장을 충분히 이해하여야 한다. 신용장에 의거하여 상업송장(commercial invoice), 포장명세서(packing list), 수출신고서를 작성하고 선적, 통관 등의 절차를 전문업자에 의뢰한다. 선적 후에는 이 신용장에 의거하여 화환어음 매입서류를 작성하고 수출대금을 회수하기 위하여 선적서류가 첨부된 화환어음을 매입은행에 매도한다. 매입은행은 화환어음에 첨부된 선적서류가 신용장조건과 일치하면 화환어음을 매입한다.

2) 신용장 요구서류의 종류

무역거래에서 서류라고 할 때에는 무역상품의 재산권을 증권화한 선하증권에서 상업송장에 부속되는 소액채권의 청구서에 이르기까지 국제매매에 사용되는 여러 가지 무역용 문서를 총칭한다.

무역거래에 있어서 매도인이 물품을 적출한 다음 매수인으로부터 대금의 지급을 받기 위하여 제공되는 서류를 총칭하여 선적서류(shipping documents)라고 부르는 일이 많다.

선적서류란 매도인이 화물을 적출한 후 매수인에게 제공하는 모든 서류 즉, 선하증권, 보험증권, 상업송장 등을 총칭하는 것이다. 신용장통일규칙에서는 각종 서류를 총칭하여 단순히 서류(documents)라고 부른다.

무역의 실무상 가장 필요한 서류로서 세계의 무역상사 사이에 널리 인정받고 있는 것은 ① 거래목적물을 유가증권화 한 선하증권, 또는 이것을 대용하는 운송증권, ② 그 위험 담보를 증명한 보험증권, 또는 이것을 대용하는 보험증명서, ③ 그 매매 및 계산 관계를 명시한 상업송장 등의 세 가지로 구성된 선적서류(shipping documents)이다.

무역에서는 CIF 계약을 원칙으로 하고, 기타의 계약은 특약에 의하여 무역품을 일련의 선적서류로 대표케 하여 계약상품의 인도나 또는 대금의 지급에 이용하고 있다.

그림 3-1 대표적인 선적서류

1. 선하증권 (B/L)	항공화물의 경우는 항공화물운송장(AWB)이 발행된다. (선박회사, 항공회사 등이 발행한다.)
2. 상업송장 (Invoice)	상업송장, 상품의 명세와 운송방법, 가격, case mark 등이 기재된다.(수출자 작성)
3. 보험증권 (Insurance Policy)	보험을 부보하는 조건(CIF, CIP 계약만) 손해담보조건 등이 기재되어 있다.(보험회사 발행)
4. 포장명세서 (Packing List)	포장명세서 상품의 포장이나 수량, 중량 등을 기재한다.(수출자가 작성)
5. 세관송장 (Customs Invoice) 영사송장 (Consular Invoice)	
6. 원산지증명서 (상공회의소 발행)	
7. 중량용적증명서 (검정회사 발행)	

국제수출환제도에 있어서 선적서류를 수출화물의 결제에 이용할 때에는 이 선적서류를 담보물건으로서 환어음(bill of exchange)에 첨부하고 계약에 따라 필요하다면 이 환어음에 화환신용장(documentary letter of credit)을 첨가하여 선적서류를 구성시킨다.

서류의 분류방법으로서 운송관계 서류, 보험관계 서류 및 상업송장을 주요서류로 하고 기타의 서류를 부속서류로 하는 분류도 있는데, 2007년 개정 신용장 통일규칙의 조문구성도 이러한 분류방법에 따르고 있다. 2007년 개정 신용장통일규칙(UCP 600)에 의거하여 네 가지로 분류된 서류 또는 분류가 안된 서류에는 구체적으로 다음과 같은 종류의 서류가 있다.

① 운송서류(Transport Documents)

(i) 해양선하증권(Marine/Ocean Bill of Lading)

(ㄱ) 선적선하증권(On Board B/L)

(ㄴ) 수취선하증권(Received B/L)

(ㄷ) 약식선하증권(Short Form B/L)

(ㄹ) 백지식배서선하증권(Blank Back B/L)

(ㅁ) 환적선하증권(Transhipment B/L)

(ii) 비유통 해상화물운송장(Non-Negotiable Sea Waybill)

(iii) 복합운송서류(Multimodal Transport Document)

(ㄱ) 약식복합운송서류(Short Form Multimodal Transport Document)

(ㄴ) 백지식배서복합운송서류(Blank Back Multimodal Transport Document)

(iv) 항공운송서류(Air Transport Document)

(v) 도로, 철도 또는 내수로운송서류(Road, Rail or Inland Waterway Transport Documents)

(vi) 상업택배 및 우편소포수취증(Courier and Post Receipt)

(vii) 운송주선인발행 운송서류(Transport Documents issued by Freight Forwarders)

(viii) 무고장운송서류(Clean Transport Documents)

(ix) 운임선지급 운송서류(Freight Payable/Prepaid Transport Documents)

② 보험서류(Insurance Documents)

(i) 보험증권(Insurance Policy)

(ii) 보험증명서(Insurance Certificate)

(iii) 보험통지서(Declaration)

③ 상업송장(Commercial Invoice)

④ 기타서류(Other Documents)

(i) 중량증명서(Certificate of Weight)

(ii) 중량인증서(Attestation of Weight)

⑤ 2007년 개정 신용장통일규칙에 규정이 안된 기타서류

(i) Forwarder's Certificate of Transport(FCT)

(ii) Forwarder's Certificate of Receipt(FCR)

(iii) 포장명세서(Packing List)

(iv) 영사송장(Consular Invoice)

(v) 세관송장(Customs Invoice)

(vi) 원산지증명서(Certificate of Origin)

(vii) 중량용적증명서(Certificate and List of Measurement and/or Weight)

(viii) 검사증명서(Inspection Certificate)

(ix) 검역증명서(Quarantine Certificate)

나. 은행의 운송서류 수리요건

1) 서류의 수리요건

신용장에 의한 지급을 받기 위해서는 수출자(수익자)는 신용장조건에 합치된 서류를 은행에 제시해야 한다. 서류의 제시를 받은 은행은 2007년 개정 신용장통일규칙(UCP 600) 제14조에 규정된 서류심사 기준에 따라 서류가 신용장조건을 충족하고 있는가를 점검한다. 여기에서 말하는 신용장조

건이란 신용장 자체에 규정되어 있는 사항뿐만 아니라 UCP 600의 모든 규정을 포함하는 것이다.

UCP 600은 신용장이 요구하고 있지 않은 서류가 은행에 제시된 경우 은행은 그러한 서류를 점검하지 않고 제시한 자에게 돌려주거나 다음 단계의 당사자에게 그것을 회부한다고 규정하고 있다.

UCP 600은 신용장이 어느 조건을 명시하고 있는데도 그 조건이 충족된 것을 표시하는 서류를 요구하고 있지 않는 경우에는 그 신용장조건은 신용장에 명시되어 있지 않은 것으로 간주한다고 규정하고 있다. 즉 서류조건이 아닌 신용장조건은 무시된다는 취지이다.

UCP 600은 서류점검을 위하여 발행은행, 확인은행 및 기타 지정은행 각각에 「서류수취일에 이어 일곱 번째 은행영업일을 초과하지 않는 상응한 기간」이 부여된다는 취지를 규정하고 있다.

2) UCP 600에 규정된 서류에 관한 규정

신용장에는 여러 가지 서류의 제시를 요구하고 있는 것도 있고 그 요구방법도 서류의 명칭만을 요구하고 있는 것도 있고 발행자나 발행통수를 지정하거나 서류의 기재사항을 지나치게 상세하게 명시하고 있는 것도 있어 신용장 양식이 똑같지가 않다.

서류의 제시를 받은 은행은 그러한 신용장조건을 서류가 충족하고 있는가를 점검하는데 신용장면에 명시되어 있는 사항만을 충족하고 있으면 된다고 하면 은행이나 발행의뢰인은 엉뚱한 서류라도 수리하지 않을 수 없는 사태가 발생할 것이다. 그러나 이것을 회피하기 위하여 개개의 신용장에 서류에 대한 세부에 걸친 장문의 규정을 삽입시킬 수도 없다. 따라서 UCP는 서류에 관한 신용장조건을 충족시키기 위한 많은 규정을 설정하고 있으므로 서류점검을 위해서는 이들 규정도 신용장조건의 일부로서 간주하여야 한다.

2. 선하증권(Bill of Lading ; B/L)과 해상화물운송장(Sea Waybill ; SWB)

가. 선하증권의 정의와 기능

1) 선하증권의 정의

정기선(liner)에 의한 개품운송의 경우에는 한 척의 선박, 또는 하나의 선박회사와 불특정 다수의 하주 사이에 계약이 짧은 기간 동안에 체결된다. 또한 현실적으로 운송을 하는 데는 한 척의 선박이기 때문에 각 하주마다 각각 다른 계약조건을 체결하는 것은 시간적으로나 물리적으로 도저히 불가능하다. 이러한 이유 때문에 계약조건은 선박회사가 미리 일정한 조건을 정해서 인쇄해 놓고, 선적을 신청하는 하주는 그 조건을 포괄적으로 수용하는 계약을 체결할 수밖에 없다. 따라서 송하인과 선박회사 사이에는 운송계약서가 작성되지 않고, 계약의 사실과 그 내용을 입증하는 선하증권이 발행된다.

선하증권은 그 발행인(운송인)이 증권면에 기재된 대로의 운송품을 수령한 것을 확인하고, 그 운송품을 지정된 목적지까지 운송하여 거기서 증권의 정당한 소지인(bona fide holder)에게 그 운송품을 인도한다는 것을 약속한 유가증권이다.

상거래에 있어서는 상품의 수도(受渡)가 상대형식으로 이루어진다. 다시 말하면 매도인(seller)이 약정된 장소에서 직접 매수인(buyer)에 대해서 현물을 인도하고, 이와 동시에 위험과 소유권이 매수인에게 이전되고, 매수인의 대금지급도 동시에 하는 것이 이상적이다. 그러나 국제간의 거래에 있어서는 거래의 양 당사자는 서로 먼 곳에 떨어져 있어 상품이 매도인의 손을 떠나 매수인의 손에 인도될 때까지는 해상수송의 기간이 게재하기 때문에 "직접"이라든가 "동시"라는 말을 쓸 수가 없다.

이러한 시간적 · 공간적 장애를 극복하기 위한 수단으로서 상인들 사이에 발달되어 온 것이 권리를 증권화하여 그 증권을 유통시키는 방법이었다. 이러한 방법은 법적으로도 인정을 받게 되어, 영국에서는 1855년에 Bill of Lading Act가 제정되었고 이 법에 의거하여 현재와 같은 기본적 성격을 가진 선하증권이 출현하게 되었다.

2) 선하증권의 기능

선하증권은 다음과 같은 기능을 가지고 있다.

① 선장 또는 선주의 대리인으로서 정당한 권한을 부여받은 자가 서명한 화물수취증(receipt of goods)이다.

② 운송인과 하주와의 사이에서 협정된 운송조건(terms and conditions of carriage)을 표시하는 증거서류이다. 선하증권은 보통 출항 후에 발행되므로 운송계약서는 아니다.

③ 선하증권에 기재된 물품을 대표하는 권리증권(document of title)이다. 권리증권의 소유자는 증권면에 기재된 물품을 자유로이 처분할 수 있다. 선하증권 이외에는 창하증권(倉荷證券, warehouse receipt)이 있다. 목적지에서 권리증권으로서의 기능을 살리기 위해서 선하증권에는 그 정당한 소지인(bona fide holder)에게 이와 상환으로 적송품을 인도한다는 것을 약속하는 다음과 같은 문언이 있다.

> "One of the original Bill of Lading must be surrendered duly endorsed in exchange for the Goods or Delivery Order"

나. 선하증권의 종류

1) 선적 선하증권(On Board B/L' Shipped B/L)

선적선하증권이란 선하증권면의 특정 선박에 화물이 실제로 선적완료된 것을 기재한 선하증권을 말하며, "Shipped in apparent good order and condition by (Shipper) on board the (motor/steam) ship"이란 문언이 기재되어 있다. 신용장 조건에서 on Board B/L을 요구하고 있으므로 무역거래에서 이 B/L이 많이 사용되고 있다.

2) 수취 선하증권(Received B/L)

화물을 선하증권면에 기재된 특정선박에 적재 · 운송하기 위하여 수취하였다는 문언이 기재된 선하증권이며 실제로 선적하였다는 것을 입증하는 것은 아니고, 선하증권에는 "Received from (Shipper) ... the goods or packages said to contain goods...in apparent good order and condition...to be transported...by the (motor/steam) ship..." 이란 문언이 기재되어 있다. 선박회사가 수취 선하증권을 발행한 후 선적을 완료하면 선하증권면에 "On board notation" 이라고 부기하는데, 이러한 B/L은 On Board B/L과 동일한 취급을 받는다.

예시 3-1 선적(Shipped) 선하증권과 수취(Received) B/L의 문언

Shipper
SAMHO CORPORATION

B/L No.
82-SG9546

Consignee
TO THE ORDER OF ABC BANK LTD.
HONG KONG

HANJIN SHIPPING, LTD
BILL OF LADING

Notify party
1) ABC BANK, HONG KONG B-29
WALNUT ST.#280 HONG KONG
2) THE HONG KONG ENTERPRISE,
282 PEACEST, #1085 HONG KONG

이것이 "Received"이면 「수취」 B/L이 되고 "Shipped"이면 「선적」 B/L이 된다.

예시 3-2 선적부기(On Board Notation)

<table>
<tr><td rowspan="2">Exchange rate</td><td>Prepaid at Seoul, Korea</td><td>Payable at</td><td rowspan="2">Place and date of issue
Received Seoul, Korea NOV. 20, 2003
(約定) by the carrier</td></tr>
<tr><td>Total prepaid in US$</td><td>No. of original B/L THREE (3)</td></tr>
<tr><td colspan="3">LADEN ON BOARD THE VESSEL
Date Signature

November 20, 2003 - Signed -</td><td>HANJIN SHPPING, LTD.

- Signed -</td></tr>
</table>

3) 전통(全通) 선하증권(Through B/L)

Through B/L은 운송화물이 목적지에 도착할 때까지 서로 다른 둘 이상의 운송기관, 즉 해운(海運), 육운(陸運), 또는 공운(空運)을 교대로 이용하여 운송하는 경우, 환적할 때마다 운송계약을 맺는 절차 및 비용을 절약하기 위하여 첫 번째의 운송업자가 그 전운송구간에 대해서 발행하는 선하증권이다.

4) 무고장(無故障) 선하증권(Clean B/L)

계약화물이 본선에 양호한 상태로 또한 신청 수량대로 적재되어 B/L의 적요란(remarks)에 화물의 고장문언이 기재되지 않고 깨끗한 채로 발행된 선하증권을 말한다. Clean B/L에는 양호한 상태로 적재되었다는 것을 명시하기 위해서 "Shipped on board in apparent good order and condition"이란 문언이 기재되어 있다.

2007년 개정 신용장통일규칙 제32조에는 "무고장 운송서류란 화물 또는 그 포장에 관하여 하자가 있는 상태임을 명백히 표시하는 조항이나 단서가 포함되어 있지 않는 운송서류를 말한다"라고 규정되어 있다.

5) 고장 선하증권(Foul or Dirty B/L)

본선에 화물을 선적할 때 화물의 포장, 수량 등에 어떤 고장 또는 하자, 예컨대 파손, 수량부족, 유손(濡損) 등이 발생한 경우 화물을 인수한 일등항해사는 이러한 고장을 본선수취증(mate's receipt : M/R)의 적요란(remarks)에 기재한 고장본선수취증(foul M/R)을 발급하며, 하주가 선박회사에 Foul M/R을 제출하면 B/L의 적요란에 고장문언이 기재된 Foul B/L을 발행한다.

신용장에서 요구하는 무고장 선하증권(clean B/L)을 발급받기 위해서는 선적 당시 포장상태가 나쁘다고 지적되면 수리 가능한 것은 곧 선내에 출장하고 있는 포장업자에게 의뢰하여 신속하게 수리시켜야 한다. 그리고 가능한 한 완전한 화물과 교환하던가 만약에 시간의 여유가 없으면 파손화물보상장(破損貨物補償狀 ; letter of indemnity : L/I)을 선박회사에 제공하고 선하증권의 적요란에서 이 고장문언을 없애도록 요구해서 Clean B/L을 발급 받아야 한다. 선박회사는 이 L/I만 있으면 파손화물에 대해서 책임을 지지 않으며 보험회사도 역시 책임을 지지 않고 L/I를 발급한 하주가 책임을 진다.

6) 기명식(記名式) 선하증권(Straight B/L)

기명식 선하증권은 B/L의 수하인(consignee) 난에 수하인인 화물인수자의 이름이 기재된 선하증권이다. 기명식 선하증권은 무역화물에는 이용하지 않고 이삿짐 또는 개인의 물품을 발송하는 경우에 많이 이용하며, 유통이 되지 않으므로 송하인의 배서(背書)는 필요가 없다. 그러나 기명식 선하증권도 발행인 배서양도(背書讓渡)를 금지하고 있지 않는 한 배서에 의해서 양도될 수 있다.

7) 지시식(指示式) 선하증권(Order B/L)

B/L의 수하인 난에 특정의 수하인명이 기재되지 않고 단순히 "to order", "to order of shipper", "to order of... bank"와 같이 지시인(order)만 기재하여 유통을 목적으로 한 선하증권을 Order B/L이라 한다.

무역거래에서는 원칙적으로 Order B/L을 사용한다. 수입자 이름과 주소는 수하인 난이 아니고 화물도착 통지처(notify party) 난에 기재된다.

지시식 B/L은 수하인(Consignee)난에 다음과 같이 기재된다.

① order of shipper 또는 order(단순지시인식)

② order of ○○(○○에 구체적 성명을 기입한다) (기명지시인식)

③ ○○ or order(선택지시인식)

여기에서의 「order」는 「지시인」이라는 뜻으로서 B/L의 권리자로 지명된 불특정의 자(누구나 될 수 있다)를 가리킨다. ①은 Shipper 즉 송하인인 수출자에 의하여 지명된 자가 누구라는 뜻이고 ②는 기명된 ○○라는 자에 의해서 지명된 자가 누구라는 뜻이 된다. ○○은 통상 신용장발행은행 등의 수입지의 은행명이 기재되는 일이 많다.

어느 경우에도 지시하는 자가 지시의 의사표시를 할 필요가 있고 그것은 B/L의 이면에 서명하는 「배서」(endorsement)에 의해서 행하여져야 한다.

①～③ 중에서는 일반적으로 ①의 경우가 많고 ①의 경우에는 최초의 화물의 권리자인 수출자(shipper)에게 다음의 권리자를 지명하는 권리가 있고 구체적으로는 수출자가 B/L의 이면에 서명한다. 다음의 권리자를 지명하지 않고 서명하는 배서를 「백지배서」(Blank Endorsement) 라고 한다.

8) 용선계약 선하증권(Charter Party B/L)

하주가 대량화물을 수송하기 위하여 특정의 항로(voyage) 또는 일정기간(time) 동안 부정기선(tramper)을 용선하는 경우, 하주와 선박회사 사이에 체결된 용선계약(charter party)에 의하여 발행하는 선하증권을 용선계약 선하증권이라 한다.

2007년 개정 신용장통일규칙(UCP 600) 제 25조에 신용장에서 용선계약 선하증권을 요구하는 경우 은행이 수리할 수 있는 용선계약 선하증권의 발행조건이 규정되어 있다.

9) 약식 선하증권(Short Form B/L)

절차의 간소화를 위해서 선하증권상에 기재된 장문(長文)의 약관을 생략한 것을 약식선하증권이라 한다. Short Form B/L에는 분쟁이 발생하면 Long Form B/L의 약관에 따른다는 문언이 기재되어 있다.

2007년개정 신용장통일규칙에서는 운송조건의 전부 또는 일부를 선하증권 이외의 근거 또는 서류를 참고하도록 표시되어 있는 경우(short form / blank back B/L) 은행은 그러한 운송조건과 내용을 심사하지 않고 약식선하증권(short form B/L) 또는 백지식배서 선하증권(blank back B/L)을 수리한다고 규정하고 있다.

10) 컨테이너 선하증권(Container B/L)

Container 적재설비를 갖추고 있는 선박에 선적한 경우에 발행되는 선하증권을 Container B/L이라 한다. Container에 의한 운송의 경우 하주는 생산공장 또는 창고에서 Container Yard까지 자기 책임 하에 운송하여 선박회사에 인도한다. 따라서 선박회사는 인수받은 화물이 하주가 포장하고 봉인한 것이기 때문에 그 내용을 알 수 없다는 뜻으로 "shipper's load and count" 또는 "said by shipper to contain" 이라는 문언을 Container B/L 상에 기재하고 있다.

2007년 개정 신용장통일규칙에는 신용장에 별도의 명시가 없는 한 운송서류에 "shipper's load and count" 또는 "said by shipper to contain" 또는 이와 유사한 유보문언이 표시되더라도 이를 수리할 수 있다고 규정하고 있다.

11) 유통 선하증권(Negotiable B/L)과 유통불능 선하증권(Non-Negotiable B/L)

선박회사는 한 개의 계약화물에 대하여 원본 및 사본을 합쳐 여러 통(full set)의 선하증권을 발행하는데, 이중 원본(original)의 선하증권만 이 화물을 대표하는 유가증권이고 은행에서는 원본의 B/L을 제시해야만 화환어음을 매입한다. 원본 이외의 모든 선하증권 사본에는 "Non-negotiable" 이라는 도장이 찍혀 있으며, 이 선하증권 사본을 첨부한 화환어음은 은행에 매도할 수 없다.

12) 집단 선하증권(Groupage B/L)

NVOCC(Non-Vessel Operating Common Carrier) 또는 freight forwarder가 동일한 목적지로 가는 여러 소량의 화물 [한 컨테이너 분량이 못되는 LCL화물(less than container load cargo)]을 모아 하나의 "group"으로 만들어 운송인(VOCC)에게 운송 의뢰할 때 운송인인 선박회사(Vessel Operating Common Carrier ; VOCC)가 NVOCC 또는 freight forwarder에게 발행하는 B/L을 Groupage B/L이라 한다. 이 경우 NVOCC 또는 freight forwarder가 하주와 선박회사 사이에 개재하여 선박회사로부터는 Groupage B/L을 받고 하주에게는 House B/L을 발급한다. 이 Groupage B/L은 소량의 화물을 운송하는 경우 개별적으로 수송하는 것보다 포장비 및 운송비를 절감시키는 이점이 있어 유럽 대륙에서 많이 사용하고 있다.

13) Stale B/L

Stale B/L 이란 상품의 선적일 후 즉 B/L 발행일 후 21일 이상 경과된 선하증권을 말한다.

2007년 개정 신용장통일규칙에서 신용장에 서류제시기간이 명시되어 있지 아니한 경우 은행은 선적일 후 21일 경과되어 제시된 운송서류(선하증권)를 수리하지 아니한다고 규정하고 있다.

따라서 선적일 후 21일이 지나 매입은행에 제시하면 은행은 특별히 신용장상에 "Stale B/L acceptable" 이란 조항이 없으면 수리를 거절한다.

14) 환적 선하증권(Transhipment B/L)

운송경로의 표시에 있어 도중의 환적을 증권 면에 기재한 선하증권을 말한다. 환적은 화물의 손상을 초래하게 하고, 지착의 원인이 될 뿐만 아니라 환적비용이 발생할 우려가 있기 때문에 신용장상에 Transhipment is prohibited라는 문언을 기재하여 환적을 금지하고 있다. 그러나 이러한 금지 문언이 없는 한 환적은 허용된다.

15) Switch B/L

Switch B/L은 중계무역에 사용되는 B/L로서 B/L면에 switch(교환)이라는 문언이 기재되어 있는 선하증권을 말한다. 중개무역업자가 실공급자와 실수요자를 모르게 하기 위하여 이 Switch B/L을 사용한다. 이러한 교환은 반드시 B/L에 "Switch"라는 문언이 기재되어야 가능하다.

16) 해양 선하증권(Ocean B/L)과 내국 선하증권(Local B/L)

대양항로(maritime traffic)에 의한 운송에 관한 선하증권을 Ocean B/L이라 하며 일반적인 선하증권은 Ocean B/L을 말한다. 외국환은행은 신용장조건에서 On Board Ocean Bill of Lading을 요구하고 있다. Local B/L은 내륙운송에서 발생하는 철도화물상환증이나 Inland Waterway B/L을 말한다. 또한 부산에서 인천으로 국내해상을 통해서 운송할 때 발행되는 선하증권도 Local B/L이라 한다.

17) 복합운송증권(Multimodal Transport Document)

종래의 운송방식과는 달리 "door to door transportation"을 본질로 하고 육상, 해상 및 항공중, 「컨테이너」 전용선에 의하여 두 가지 이상의 형태로 복합운송될 때 발행되는 운송장을 Multimodal Transport Document라고 한다. Through B/L은 반드시 선박회사나 그 대리인이 발행하지만, 복합운송증권은 실제로 해상운송인에 의해서만 직접 발행되는 것이 아니고 경우에 따라서는 freight forwarder에 의하여 발행되기도 하며, 또한 선박 및/ 또는 선적항 및/ 또는 양하항에 관하여 "intended"의 표시 또는 이와 유사한 표시를 포함한 복합운송서류로 은행이 수리한다.

2007년 개정 신용장통일규칙에서는 신용장이 두 가지 이상의 운송방법(복합운송)을 표시하는 복합운송서류를 요구하는 경우 은행이 수리할 수 있는 복합운송서류의 발행조건을 규정하고 있다.

서류상에 운송인 또는 복합운송인명이 명시되고 운송인, 복합운송인 또는 운송인, 복합운송인의 지정대리인이 서명하거나 정규(正規)의 것으로 증명된 복합운송서류를 은행이 수리한다.

18) 부서부 선하증권(Counter-sign B/L)

선하증권상의 운임이 도착지 지급으로 되어 있거나 이밖에 다른 채무가 부수되어 있는 경우, 수하인은 운임과 채무액을 선박회사에 지급하고 화물을 인수하는데, 이때 선박회사는 결제를 끝낸 것을 증명하기 위해 선하증권에 "Please deliver upon endorsement"라고 기재하고 선박회사의 책임자가 배서, 즉 부서한다. 이와 같이 부서가 되어 있는 선하증권을 Counter-sign B/L 이라 한다.

19) Port B/L과 Custody B/L

Port B/L은 Custody B/L과 같이 수취선하증권의 일종으로서 선적될 화물이 선박회사의 보관 하에 있고, 지정된 선박은 입항해 있으나 화물이 본선에 적재되지 않는 경우 발행되는 선하증권을 말한다.

Custody B/L은 Port B/L과 같이 화물이 선박회사에 인도는 되었으나 지정된 선박이 아직 화물이 준비되어 있는 항구에 도착되지 않았을 때 발행되는 선하증권을 말한다.

20) 목적지 운송증권(Destination Bill)

운송업자가 송하인의 요구에 따라 선적지에서 발행하는 대신에 목적지 또는 송하인이 희망하는 장소에서 발행하여 화물을 인수하는 데 편의를 제공하는 선하증권 또는 기타 운송증권을 말한다.

21) 단위화물 선하증권(United Cargo B/L)

화물이 화물단위인 container나 pallet에 적입되어 운송되는 것을 증명하는 B/L을 United Cargo B/L이라고 한다.

Pallet B/L은 많은 상품을 pallet에 적재하고 운송하는 방법을 B/L 면에 표시한 B/L을 말한다. pallet선에 의한 운송방법은 북유럽에서 많이 이용하고 있다.

Container B/L은 container에 화물을 적입하여 이 container를 그대로 container선에 적재하였음을 표시한 B/L을 말한다.

22) 제3자 선하증권(Third Party B/L)

third party B/L 이란 물품이 제3자에게 전매되는 과정에서 신용장발행의뢰인이 수익자의 성명을 제3자에게 비밀로 하고 싶을 때 이용되는 B/L로서 B/L면의 송하인이 수익자가 아닌 제3자로 기재된 B/L이다. B/L면의 송하인은 신용장의 수익자가 되는 경우가 보통이고 수익자 이외의 제3자가 송하인으로 되어 있는 것이 third party B/L 이다. 2007년 개정 신용장통일규칙(UCP 600) 제31조 (iii)에 의거하여 은행은 신용장의 수익자 이외의 자가 물품의 송하인으로 표시된 B/L 즉 third party B/L을 수리한다.

그림 3-2 Third Party B/L에 의한 중개무역절차

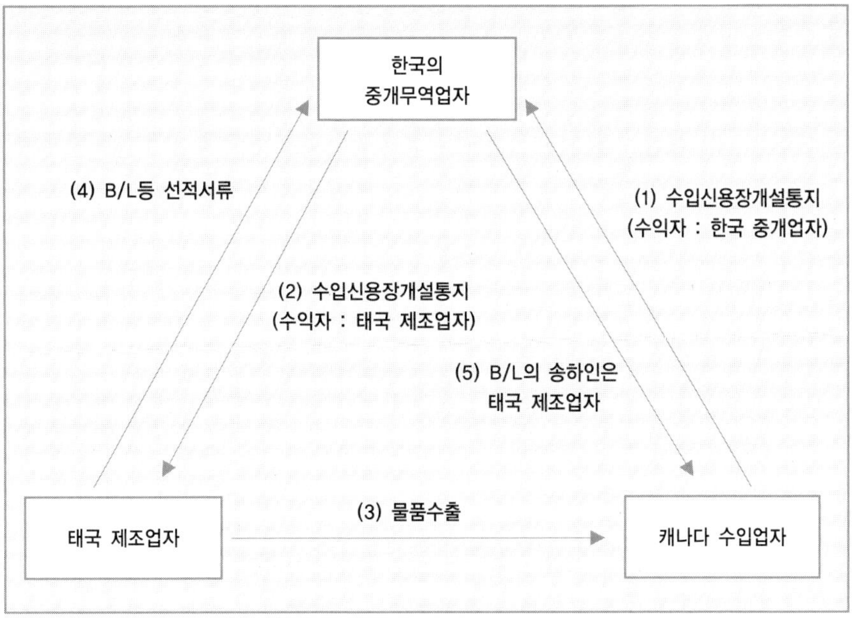

23) 이중목적 선하증권(Dual Purpose B/L)

Dual Purpose B/L이란 B/L면에 multimodal transport bill of Lading or port-to-port bill of lading 이란 문언이 기재되어 복합운송선하증권 또는 항구간 선하증권의 두 가지 용도로 사용될 수 있는 B/L을 말한다.

24) 선택 선하증권(Optional B/L)

Optional B/L 이란 B/L의 도착항 난에 "Busan option Masan" 이라고 기재하고 수하인이 이중 하나를 선택할 수 있게 한 B/L을 말한다.

25) Lash Barge B/L

Lash Barge B/L이란 lash barge로 적재항에서 중간항까지 물품을 운송하고 중간항에서 lash barge를 본선에 적재하고 또 다른 중간항까지 운송하고

다시 그 중간항에서 lash barge로 도착항까지 운송하는 것을 증명한 B/L을 말한다.

26) 운송주선인 발행 선하증권(Forwarder's B/L)

Forwarder's B/L이란 운송주선인(freight forwarder)이 발행한 B/L을 말한다. 운송주선인은 계약운송인으로서 운송수단(선박, 항공기, 화차, 트럭 등)을 보유하지 않으면서도 실제운송인(actual carrier) 처럼 운송주체자로서의 기능과 책임 즉 운송인에게는 하주입장에서 하주에게는 운송인의 입장에서 책임 및 의무를 수행한다.

2007년 개정 신용장통일규칙에 은행이 수리할 수 있는 forwarder's B/L 발행조건이 명시되어 있다.

27) 전자식 선하증권(Electronic Bill of Lading)

전자식 선하증권(Electronic B/L)은 새로운 종류의 선하증권이 아니다. 선하증권을 발행하는 대신에 그 내용을 선박회사가 computer에 입력시켜 보존하고 선박회사와 송하인(수출업자) 또는 수하인(수입업자)과 서로 EDI(Electronic Data Interchange ; 전자자료교환) message를 전송하고 권리의 증명으로서 개인 key(암증번호 ; 暗證番號)를 사용하는 것에 의해 물품에 대한 지배, 처분권의 이전과 물품의 인도를 이행하는 방법을 「전자식 선하증권」(Electronic B/L) 이라고 부른다.

다. 해상화물운송장(Sea Waybill ; SWB)

신용장이 있는 경우나 없는 경우나 통상의 무역거래에 있어서는 운송서류를 첨부한 화환어음에 의해서 결제가 이루어진다. 운송서류의 중심은 선하증권(B/L)이고 특약이 없는 한 전통(full set)을 모두 은행에 제출해야 한다. 은행을 경유하여 운송서류가 수입자에게 도착하는데 오늘날과 같이 해상운송이 고속화됨에 따라 운송서류보다 화물이 먼저 도착하는 경우가 많아지고 있다.

선하증권은 선적선하증권(on board B/L)이 원칙적으로 사용되고 있다. 수입자는 운송서류의 도착전에 도착화물을 인수하려고 할 때에는 화물선취보증서(L/G)를 선박회사에 제출하고 인수해야 하므로 그 절차와 지급보증료가 문제가 된다.

권리증권(document of title)의 형식을 가진 선하증권으로서 선적선하증권보다 다소 빨리 발급하려는 경우에는 수취선하증권(received B/L)이 있는데, 이것은 다소 빠르기는 하지만 근본적인 해결방법이 못된다. 결국 화환어음을 결제하는데 있어서는 새로운 서류가 필요하게 되거나 선적부기(船積附記 ; on board notation)를 기재하는 경우에는 날자로 볼 때 선적 선하증권과 거의 다를 것이 없다.

또한 목적지에서 선박회사 또는 그 대리점이 발행하는 목적지운송증권(destination bill)이 있는데, 수입지에 있는 은행의 배서를 조건으로 하므로 수출자나 수출지에 있는 매입은행의 지시식으로는 발급될 수 없다.

이러한 선하증권의 영역을 벗어나서 등장한 것이 해상화물운송장(sea waybill)이다. 이것은 다음의 특징을 가지고 있다.

① 단순한 화물의 수취증이며 양륙지에 있어서 화물과 상환으로 제출되는 것을 조건으로 하지 아니한다.

② 수하인은 정당하게 신원(身元)을 입증하면 화물을 인수할 수 있다.

③ 권리증권이 아니고 또한 기명식이고 비유통증권(非流通證券)이므로 결국 선하증권과는 다른 것이다.

근년에 서류작성의 간소화가 뚜렷하게 진전되었다. 선하증권은 가끔 이와 유사한 비유통성 운송증권(non-negotiable transport document)으로 대체되고 있고 특히 해상 이외의 수송형태에 이용되고 있다. 이 운송증권은 해상화물운송장(sea waybill), Liner Waybill, Freight Waybill 또는 기타의 명칭으로 불려지고 있다.

1977년에 선하증권의 영역을 벗어나서 등장한 것이 해상화물운송장(sea

waybill, liner waybill, freight receipt ; data freight receipt)이다. 선하증권과 마찬가지로 해상운송에 대하여 발행되는데, 선하증권과 해상화물운송장은 양자택일이다. 선하증권이 발행되면 해상화물운송장은 발행되지 않고 해상화물운송장이 발행되면 선하증권은 발행되지 않는다. 화물의 수취증·운송계약의 증거라는 점에서 해상화물운송장과 선하증권은 공통점을 갖고 있지만 양자는 별개이다.

표 3-1 B/L과 SWB의 차이점

	B/L	SWB
증권의 성질	유가증권 화물의 소유권을 표시하는 유가증권이고 배서에 의하여 양도가능 (Negotiable)	증거증권 선박회사의 단순한 화물의 수취증에 지나지 않는다. (Not Negotiable)
발행시기	원칙으로 선적이 완료한 시점 (On Board B/L) 화물의 수취단계에서 발행함 (Received B/L)	모두 화물 수취의 단계에서 발행함.
수하인 (Consignee)	L/C 조건에 따라 은행의 지시식, 기명식, 지참인식이 있다.	항상 기명식으로 발행된다.

현재 사용되고 있는 해상화물운송장의 체제는 외견상 선하증권과 거의 같다. 다만 첫머리에 "Bill of Lading" 대신에 "Waybill" 또는 "Sea Waybill" 이라고 인쇄되어 있고 선하증권과는 달리 증권과 상환으로 물품을 인도한다는 취지의 문언 대신에 해상화물운송장에 기재되어 있는 수하인(consignee)에게 본인임이 증명만 되면 물품을 인도한다는 취지의 문언이 있다.

3. 보험서류

가. 보험서류의 종류

화물해상보험의 성립을 증명하는 서류의 대표적인 것은 보험증권이지만, 이밖에도 몇 가지 서류가 있다. 이중에는 화환신용장에 의거한 제시 서류로서 사용되는 것도 있다.

1) 해상보험증권(Marine Insurance Policy)

보험증권(insurance policy)은 유통성증권(negotiable documents)이어야 할 것을 조건으로 한다. 따라서 그 보험계약에 필요한 적하보험약관의 일체를 그 증권에 첨부하여야 한다. 이 증권의 성격이나 운용에 대해서는 이미 설명한 바와 같이 그것은 수출화물에 보험계약이 체결되어 있음을 입증하는 일종의 증거서류이다. 법률상으로 보면 선하증권은 유가증권인데 대하여 보험증권은 다만 그 계약을 확인한 증거에 지나지 않는데, 이것을 실무면에서 보면 보험증권을 첨부하지 않은 선하증권은 다음과 같은 이유로 운송서류로서의 기능의 태반을 상실한 불구적 서류가 될 우려가 있다.

선하증권은 항상 해상위험에 부딪칠 우려가 있는 원양수송화물의 권리를 증권화한 것이므로 언제 어디서, 어떤 위험에 부딪칠지 모르기 때문이다. 따라서 이 위험을 담보하는 보험증권을 첨부하지 않는 선하증권은 이것을 담보로 화환어음을 매도하려고 해도 외국환은행의 승인을 받기가 어렵고 또한 배서에 의하여 전매하려고 해도 전매자를 물색하기가 어렵다.

2) 보험증명서(Certificate of Insurance)

이 보험증명서는 보험회사 또는 그 대리인이 자사 발행의 원보험증권(original policy)에 의거하여 그 보험계약의 존재 및 피보험물에 보험이 부보되어 있다는 사실을 증명한 것인데, ① 평판이 좋고 신용이 있는 보험회사가 발행하는 것이어야 할 것 ② 선하증권 기재화물에 관한 보험계약의 주요 조항을 전제한 것이어야 할 것 ③ 선하증권과 같이 완전한 유통성을 갖고 있을 것 ④ 원보험증권에서 인정되고 있는 일체의 권리를 그 증명서의 정당한 소지인에게 부여하는 것이어야 한다는 것 등이 요건이 된다. 그러나 다만 그 화물에 보험이 부보되어 있다는 것만을 입증하는 보험증명서는 보험서류로서의 보험증권을 대용하는 기능이 없다.

보험증명서는 보험증권의 기재내용을 간략화 한 것이고 보험금을 청구할 때 보험증권과 동일한 효력을 가지는 증거증권이다. 그러나 신용장이 보험증권을 요구하고 있는 경우에 보험증명서를 제시하여도 수리되지 않으므로 CIF 또는 CIP계약처럼 수출자가 부보하는 경우보다도 FOB나 CFR계약처럼 수입자가 부보하는 경우에 사용된다.

3) 보험승인서(Cover Note)

2007년 개정 신용장통일규칙이 규정하고 있는 보험승인서(Cover Note)는 보험중개업자가 발행하는 Cover Note를 뜻한다. 보험중개업자(Broker)가 의뢰한대로 보험계약을 수배하였다는 것을 피보험자에 대해서 증명하기 위한 서류이다. 우리나라에는 보험중개업자제도가 없으므로 Broker's Cover Note는 발행되고 있지 않다. 신용장에서 별도로 수권하고 있지 않는 한, 은행은 보험중개업자가 발행한 Cover Note를 수리하지 않는다.

나. 신용장거래에 있어서의 보험서류의 취급원칙

2007년 개정 신용장통일규칙은 제34조에서 36조까지의 3개 조문에서 보험서류에 관하여 규정하고 있다.

1) 보험서류의 발행자

보험서류가 보험회사 또는 보험자(Underwriter) 또는 이들 대리인에 의하여 「발행되고 및/또는 서명된 것이어야 한다」고 규정하고 있다. 영국의 로 이드 보험자협회의 회원은 개인보험업자이다. 「발행되고 서명된다」는 것은 보험회사 또는 보험자에 의하여 법률적으로 유효하게 발행되는 것을 요건으로 한다는 뜻으로 해석된다.

2) 보험서류의 원본제시

보험서류에 2통 이상의 원본을 발행한 것으로 표시된 경우 신용장에서 별도로 수권하지 않는 한 전통(full set)의 원본을 은행에 제시하여야 한다고 규정하고 있다.

3) 보험서류의 수리

은행은 별도의 명시가 없는 한 은행은 보험증명서 및 포괄예정보험에 의거한 확정통지서(declaration)를 수리한다. 그러나 동조 c항에 의거하여 은행은 신용장에서 별도로 수권하지 않는 한 보험승인서(cover note)를 수리하지 않는다.

4) 보험서류의 일자

보험서류의 일자가 운송서류에 표시되어 있는 물품의 적재일, 발송일 또는 수취일보다 늦은 일자인 경우에는 그 운송서류는 거절된다는 취급원칙을 규정하고 있다. 그러나 보험에 의한 담보가 늦어도 물품의 적재일, 발송일 또는 수취일로부터 유효하다는 것이 보험서류가 인정하는 경우는 예외로서 거절되지 않는다.

이 예외규정은 보험서류면에 보험담보가 소급하여 유효하다는 취지가 명시되어 있는 경우에는 당연히 적용된다.

5) 보험금액의 표시통화

「신용장에 별도의 명시가 없는 한, 보험서류는 신용장에 표시된 통화와 동일한 통화로 표시되어야 한다」고 규정하고 있다.

이 규정은 신용장의 표시통화 및 보험금액의 표시통화가 다른 경우에는 보험사고가 발생하였을 때에 신용장 발행의뢰인 또는 신용장 발행은행에 환율변동에 의한 손해가 발생할 가능성이 있으므로 이것을 회피하기 위하여 이 규정이 설정되었다.

6) 최저 부보금액

신용장에 부보해야 할 금액 즉 보험금액에 대한 명시가 없는 경우에 있어서 최저 부보금액에 대하여 다음과 같이 규정하고 있다.

① **CIF가액 또는 CIP가액이 서류의 문면에서 산정될 수 있는 경우 : 이 경우**에는 CIF가액 또는 CIP가액에 10%를 가산한 금액이 최저부보금액이다. 이것은 Incoterms의 규정에 적합하도록 규정된 것이다.

② **CIF가액 또는 CIP가액이 서류의 문면에서 산정될 수 없는 경우 : 이 경우**에는 신용장에 의거하여 수익자가 요구하는 지급, 인수 또는 매입의 금액 또는 상업송장 금액 중에서 큰 쪽의 금액을 최저 부보금액으로 한다. 여러 가지 이유로 지급, 인수 또는 매입의 금액이 상업송장의 금액과 합치되지 않는 경우가 있는데, 이 경우 큰 쪽의 금액을 최저 부보금액으로 해야지만 과소한 부보금액으로 인한 손해를 예방할 수 있다.

7) 보험의 종별

「신용장에는 필요로 하는 보험의 종별(Type of Insurance)을 명시하고 또한 기타 부보해야 할 추가위험이 있으면 그것도 명시하여야 되고 "Usual risks" 또는 "customary risks"와 같은 불명확한 용어는 사용해서는 안된다」고 규정하고 있다. 은행은 이러한 불명확한 용어가 사용된 경우에도 은행은 제시된 대로 수리하고 또한 b항에서 신용장에 명확한 명시가 없는 경우도 은행은 담보가 안될 위험이 있더라도 그것에 대하여 어떠한 책임도 부담하지 않고 제시된 대로의 보험서류를 수리한다고 규정하고 있다.

보험의 종별에는 런던보험자협회(ILU)가 제정한 구협회적하약관(ICC) AR, WA, FPA와 신협회적하약관인 ICC(A), (B) 및 (C)가 있다. 추가위험도

특별약관을 삽입함으로써 담보된다.

협회적하약관으로 보험의 종별 또는 추가위험을 신용장에 지정하는 경우에는 다음과 같은 문언이 사용된다.

"Marine insurance policy or certificate in duplicate, endorsed in blank, for 110% of the invoice cost, including the Institute Cargo Clause[ICC1 (B), the Institute War Risks and the Institute TPND Clause and also to cover rain, fresh water and/or sea water damage."

8) 면책율

신용장에 별도의 명시가 없는 한, 담보조건이 Franchise 또는 Excess (deductible ; 공제면책률)의 적용을 받는다는 것을 표시하고 있는 보험서류는 수리된다고 규정하고 있다.

Franchise 및 Excess는 어느 것이나 소손해에 대한 보험자의 면책률을 뜻하는데, Franchise의 경우에는 면책률을 상회하는 손해에 대해서만 보상된다.

9) All Risks의 부보조건

신용장이 "insurance against all risks"의 조건을 명시하고 있는 경우에 은행은 담보되어 있지 않는 위험에 대해서 책임을 부담하지 않으며 "all risks"를 위한 표시 또는 조항을 포함한 보험서류를 그 표시조항에 "all risks"의 제목의 유무에 관계없이 또한 비록 어떤 종류의 위험이 제외되어 표시되어 있더라도 수리한다고 규정하고 있다.

다시 말하면, 이 조항은 신용장이 "all risks"에 대한 부보를 요구하더라도 문자 그대로 모든 위험이 담보되어 있을 필요가 없고 보험의 조항에 "all risks"의 제목에 대한 규정은 ICC(A)의 수리를 가능하게 하기 위하여 설정된 것이다. 그러나 신용장이 ICC(All Risks)를 지정하고 있는 경우에는 ICC(A)는 수리되지 않는다.

4. 상업송장(Commercial Invoice)

가. 상업송장의 정의와 종류

1) 상업송장의 정의

상거래상 사용되는 상업송장(commercial invoice)은 매매 또는 위탁계약에 의한 물품의 수도(受渡)가 멀리 떨어진 지역 사이에서 행하여지는 경우에 그 물품의 송하인으로부터 그 수하인에게 송화의 특성, 내용 명세 및 계산관계를 상세하고 정확하게 통지하기 위하여 작성되는 상용문서이다.

국내 상거래에서 사용되는 송장은 단순히 적요서나 안내서의 역할만 하지만, 국제무역에서 사용되는 송장은 발송한 거래상품의 중요사항을 상세하게 명시한 송화명세서(送貨明細書)이고, 그 상품의 대금 및 제비용 등 주요한 가격 구성요소를 구체적으로 명시한 매매계산서이며, 동시에 그 대금 청구서이다. 다시 이것을 수입자인 수하인 입장에서 보면 수입화물의 매입서이다.

송장은 이 기능 때문에 어떤 경우에는 그 거래계약의 존재 및 계약이행의 사실을 입증하는 유력한 자료가 되며, 어떤 경우에는 수입품의 정확성 및 진실성을 입증하기 위한 세관신고의 증명자료가 된다.

2) 상업송장의 종류

송장에는 직접 상거래용으로 작성되는 상업송장(commercial invoice)과 영사관이나 세관용으로 작성되는 공용송장(official invoice)이 있다. 일반적으로 말하는 송장은 상업송장을 의미하며, 공용송장은 적송품(積送品)이 수입국의 세관을 통과하는데 있어서 상업송장의 진실성을 증명하기 위하여 상업송장의 내용에 관해 관계관청의 증명을 받은 특정서식의 송장이다. 현재 관용되고 있는 공용송장에는 수출국소재의 수입국 영사가 증명하는 영사송장(consular invoice)과 다만 수입국 세관용으로 작성되는 세관송장

(customs invoice)이 있다. 상업송장에는 매매계약 또는 위탁계약 성립 후 계약상품의 발송에 있어서 작성하는 선적송장(shipping invoice)과 거래계약을 유발 촉진시키기 위한 수단으로서 그 거래를 예상하여 작성하는 견적송장(proforma invoice)이 있다.

운송서류에 사용되는 송장은 선적송장인데 여기에도 직접적인 매매계약에 의거하여 작성되는 수출송장(export invoice)과 위탁계약에 의거하여 송하인이 작성하는 위탁판매송장(consignment invoice)이 있다.

나. UCP 600에 규정된 상업송장 수리요건

UCP 600에서 상업송장에 관한 다음 사항을 규정하고 있다.

1) 상업송장의 발행자

신용장에 별도의 명시가 없는 한, 상업송장은 신용장에 명시된 제1수익자가 발행한 것이어야 하고, 다만 신용장이 양도되는 경우에는 신용장을 양도받은 제2수익자가 발행하는 상업송장도 예외적으로 수리한다고 규정하고 있다.

2) 신용장발행 의뢰인 앞 작성

신용장에 별도의 명시가 없는 한, 상업송장은 신용장 발행의뢰인 앞으로 작성되어야 한다고 규정하고 있다.

매도인과 신용장 발행은행과의 사이에 개입하는 은행이 신용장의 발행의뢰인이 되어 있는 신용장도 있는데, 이 경우에는 이 규정에도 불구하고 신용장면에 표시되어 있는 매수인 앞으로 작성할 수 있다.

3) 작성자 서명의 불필요

작성자가 상업송장에 서명할 필요가 없다고 규정하고 있다. 2007년 개정 신용장통일규칙에서 신설된 조항이다. 서류의 발행뿐만 아니라 발송까지도 EDI 방식으로 하고 있는 실정을 수용하고 또한 Incoterms 1990에 규정된 EDI에 의한 서류교환방식을 신용장통일규칙에서 수용한 것이다.

4) 신용장금액을 상회하는 송장금액

「신용장에 별도의 명시가 없는 한, 은행은 신용장이 허용하는 금액을 초과한 금액으로 발행된 상업송장은 거절할 수 있다」고 규정함으로써 그러한 신용장을 거절하느냐 수리하느냐에 대한 선택권을 은행에 부여하고 있다.

또한 b항은 후단에 있어서 지급, 인수 또는 매입의 권한을 부여받은 은행이 그러한 상업송장을 수리하는 것을 결정하여 그것을 수리한 경우에는 그 결정은 모든 당사자를 구속한다고 규정하고 있다. 예컨대 발행은행 이외의 지정은행이 그 상업송장을 수리한 경우에는 발행은행과 발행의뢰인도 그것에 대하여 이의를 제기할 수 없다. 다만 지급, 인수 또는 매입의 금액은 신용장금액을 초과할 수 없다.

5) 상업송장면의 물품의 기술(記述)

규정되어 있는 것처럼 신용장 면의 물품의 기술은 신용장 면의 물품의 기술과 일치하여야 한다.

예시 3-3 상업송장

COMMERCIAL INVOICE

❶ SELLER SAMHO TRADING CO., LTD. 100, Nonhyungdong, Kangnamku, Seoul, Korea	❸ INVOICE NO. AND DATE MTC94-01 JUL. 10. 2003 ❹ REFERENCE NO. 1054
❷ BUYER NEW YORK INTERNATIONAL TRADING, INC, 53RD STREET & SEVENTH AVENUE NEW YORK, NY 10553	❺ COUNTRY OF ORIGIN : KOREA ❻ L/C NO. CPB : 07-1994
❽ VESSEL OR ARIRANG ❾ ON OR ABOUT JUL. 22, 2003 ❿ FROM BUSAN KOREA VIA	❼ ISSUING BANK CENTRAL PARK BANK
⓫ TO NEW YORK, U.S.A.	⓬ OTHER PAYMENT TERMS

⓭ MARKS & NOS.	⓮ DESCRIPTION OF GOODS	⓯ QUANTITY	⓰ UNIT PRICE	⓱ AMOUNT
K-1952 NEW YORK C/NO.1-300	BRAND CANNED SARDINE IN TOMATO PASTE	300 cartons (N/W2,040KGS)	CIF US$15.00 (FOB US$12.50)	CIF US$4,500 FOB US$3,750)

⓲ TOTAL 300 CARTONS N/W 2040KGS,	⓳ CIF NEW YORK US$4,500.00 (FOB BUSAN US$3,750.00) ⓴ SAMHO TRADING CO., LTD. (Signature)

[기재사항]

① 매도인 : 수출자 SAMHO TRADING CO. LTD.
② 매수인 : 수입자 NEW YORK INTERNATIONAL TRADING INC.
③ 상업송장번호, 발행인 ④ 조회번호 ⑤ 원산지 ⑥ 신용장번호
⑦ 발행은행 ⑧ 사용선박 ⑨ 출항예정일 ⑩ 수출항, 경유
⑪ 목적항 ⑫ 기타의 지급조건 ⑬ 기호, 번호 ⑭ 품명
⑮ 수량
⑯ 단가 : CIF US$15.00은 뉴욕까지의 운임, 보험료 포함의 단가
FOB US$12.00은 부산항 본선인도의 단가
⑰ 총액 : ⑯의 경우와 동일함.
⑱ 이 계약의 무역조건은 CIF 조건인데, 수출신고서의 신고가격은 FOB 가격으로 함.
⑲ 수출자 서명

다. 상업송장의 부속서류

상업송장의 부속서류에는 포장명세서 증명서류, 명세서류, 계산서류의 3종이 있다.

1) 포장명세서(Packing List)

포장명세서는 상업송장의 보조서류로서 물품의 포장별 중량이나 내용을 기재한 서류이다. 상업송장이나 용량증명서만으로 각 포장별 중량이나 내용을 판별할 수 없으므로 수입업자나 수입세관이 물품과 서류를 대조할 때 상자번호, 각 상자의 내용명세, 각 상자의 순중량(net weight) 및 총중량(gross weight), 각 상자별 포함숫자, 용적 등을 기재한 포장명세서를 요구한다. 포장명세서의 물품의 기술(記述)은 신용장이 명시된 상품의 기술과 일치하도록 일반적 용어로 기재하는 것이 좋다. 경우에 따라 상업송장의 중량단위와 포장명세서의 단위가 다른 경우도 있다. 송장에는 ton 단위로 표시하고 포장명세서는 kg으로 표시하는 경우도 있다.

2) 증명서류

증명서류에는 수출자가 계약상품의 선적품질을 보증하는 경우, 입증에 필요한 품질증명서(quality certificate)나 분석증명서(certificate of analysis), 농수산물 수출의 경우에 필요로 하는 농산물검사소의 검사증명서나 수산물검사소의 검사증명서(inspection certificate) 등이 있다.

예시 3-4 포장명세서(packing list)

PACKING LIST

Shipper/Exporter SAMMI ENTERPRISE CO., LTD. Han Woo Bldg, 112-26, Sokong-Dong, Chung-Ku, Seoul, Korea		No. & Date of invoice ESW3215 DEC. 15, 2003
For Account & Risk of Messrs. WING WHA SCREW MANUFACTURING LTD. GROUND FL. 475 KIN WAH STREET. TSIM SHA TSUI, KOWLOON, HONG KONG		Remarks : Import License No.
Notify Party SAME AS ABOVE		Purchase Order No.
Port of Loading BUSAN, KOREA	Final Destination HONG KONG	
Carrier NO. 8 DONAM 319S	Sailing on or about DEC. 15, 2003	

Marks & Numbers of Packings	Description of Goods	Quantity	Net Weight	Gross Weight	Measurement
	STAINLESS STEEL STRAIGHT				
W.W.S/S.M.E	ROD AISI 304, BRIGHT FINISH				
HONG KONG					
W.CASE NO:1-12.	(TWELVE WOODEN CASES ONLY)				
MADE IN KOREA	W.CASE NO.				
	1. 1.40MM				
	2. 2.10MM		1.00MT	1.10MT	
	3. 2.20MM		1.00	1.10	
	4. "		0.90	1.00	
	5. "		1.10	1.20	
	6. "		1.00	1.10	
	7. 2.50MM		1.00	1.10	
	8. "		1.00	1.10	
	9. "		1.00	1.10	
	10. 4.20MM		1.00	1.10	
	11. "		1.00	1.10	
	12. 4.60MM		1.00	1.10	
			1.00	1.10	
	** TOTAL **		12.00MT	13.20MT	
	///	//////////	//		

TEL : (02) 778-1388 778-1386,1387 FAX : (02) 778-1389	SAMMI ENTERPRISE CO., LTD.

5. 영사송장(Consular Invoice), 세관송장(Customs Invoice) 및 원산지증명서(Certificate of Origin)

가. 영사송장(Consular Invoice) 및 세관송장(Customs Invoice)

1) 영사송장

선하증권이나 보험증권은 제3자인 선박회사나 보험회사가 발행하는 것이므로 그 자체가 훌륭한 입증력을 가지고 있는데 반하여, 상업송장은 A국의 수출자가 수출지에서 작성하여 이것을 B국의 수입자가 수입지에서 사용하는 사문서(私文書)이므로 그 입증력이 문제가 되고 있다. 이 때문에 수출국에 주재하고 있는 수입국의 영사가 자국행 물품의 수출자에게 상업송장의 제출을 요구하고 화물이나 계산의 기재가 사실과 상위(相違)함이 없음을 선서시키고, 이것을 사정한 다음 그 진실성을 증명하는 관습이 일부 국가에서 생겼는데 이것을 영사송장(consular invoice)이라고 한다.

이러한 영사송장 제도는 선진국인 유럽보다 무역후진성을 띠고 있는 남미제국과 동남아제국에서 현재 관용되고 있다. 무역도덕이 낮은 개발도상국에서는 수입자가 외국의 수출자와 공모하여 이중의 상업송장을 작성하여 그 수입통관에 있어서 저가격의 상업송장을 세관신고용으로 사용하기 때문에 어느 정도의 탈세를 기도할 우려가 있다. 이러한 우려 때문에 화물의 수출에 있어서 상업송장의 영사사증이 필요하게 되었고 선적서류를 구성하는 상업송장(commercial invoice)과 동일내용의 공문서로서 영사송장(consular invoice)을 작성하게 하여 수출국 주재 수입국 영사의 사증을 받도록 요구하고 있다. 뿐만 아니라 그 사증을 정확하게 하기 위하여 선하증권이나 상업송장의 제출도 요구하고 있다. 현재와 같은 영사사증 제도는 캐나다 및 미국을 제외한 미주대륙 제국에서 관행되고 있고, 동남아에서는 인도네시아, 사우디아라비아를 비롯한 중동지역 전역에서 현재 채택하고 있다. 오늘날 중동지역 및 중남미 제국에서 이러한 사증제도를 지속하고 있는 큰 이유는 영사송장을 발행함으로써 고액의 영사사증료(consular fee)를 받는데 있다.

영사송장은 세관송장(customs invoice) 또는 원산지증명서(certificate of origin)와 같이 원산지를 증명하는 서류이다. 따라서 전기 세 가지 서류중에서 영사송장을 요구하는 국가도 있고 유구하지 않는 국가도 있다.

2) 세관송장(Customs Invoice)

캐나다를 비롯하여 남아, 호주, 뉴질랜드 등으로의 수출에 있어서는 영사송장은 필요없지만 수입품에 대한 과세가격의 결정, 덤핑(dumping)의 방지 등의 목적을 위하여 특별 양식에 의한 세관송장이 필요하다. 이 양식은 국가에 따라 다소 다른데 영국연방국 세관송장은 Conference Invoice Form이라고도 부른다.

나. 원산지증명서(Certificate of Origin)

원산지증명서는 당해 물품이 확실하게 그 국가에서 생산되거나 제조된 것이라는 것을 증명하는 공문서로서 통상은 수출국에 주재하는 수입국 영사가 발급하거나 수입국 영사가 없는 경우 기타 특별한 경우에는 수출국의 상업회의소에서 발급하는 것을 사용한다. 원산지증명서는 원래는 수입업자가 수입화물의 관세부과에 있어서 국정세율(national or general tariff) 보다 낮은 협정세율(conventional tariff)의 적용을 받기 위하여 수입업자 개인으로서 필요로 하는 것인데, 최근에는 본래의 성질이 변화하여 수입국이 덤핑방지 또는 외환관리를 위해서 필요로 하고 있고, 법규에서 원산지증명서의 제출을 강요하고 있다. 수입국 중에는 원산지증명서만을 요구하는 국가 또는 영사송장과 원산지증명서를 1통의 서식을 결합시킨 국가 등이 있다.

우리나라에서 발급되는 원산지증명서는 세 개의 종류로 구분된다. 그 하나는 수출국 주재의 수입국영사 또는 수출지의 상공회의소가 송화의 원산국 또는 제조원산지를 증명하는 양식(Form No. CCI-1)이고, 다른 하나는 UNCTAD의 일반특혜관세제도(GSP)에 의거하여 발행되는 원산지증명서

(GSP C/O Form A)이다. 따라서 수입자가 선적서류로서 원산지증명서(C/O)를 요구하는 경우, 이 두 가지 종류 중 어떤 형식의 C/O를 요구하는지를 확인할 필요가 있다.

대 EU 섬유 수출시 수입자가 요구하고 있는 원산지증명서(C/O)는 반드시 정부위임기관에서 발행하는 원산지증명서(C/O)를 발급 받아 수입자에게 제출하여야 한다. 한국의류산업협회가 발행한 원산지증명서(C/O)를 수입세관에 제출해야 한다. 대한상공회의소 발행 원산지증명서는 수입세관에서 양국 행정협정상 규정양식과 상이한 것으로 간주하여 반려하고 있다.

제4장

수입대금 결제와 선적서류 인도

1. 수입대금 결제방법별 선적서류 인도
2. 선적서류 도착전 화물인수
3. 선적서류의 대도(貸渡)

IDEA

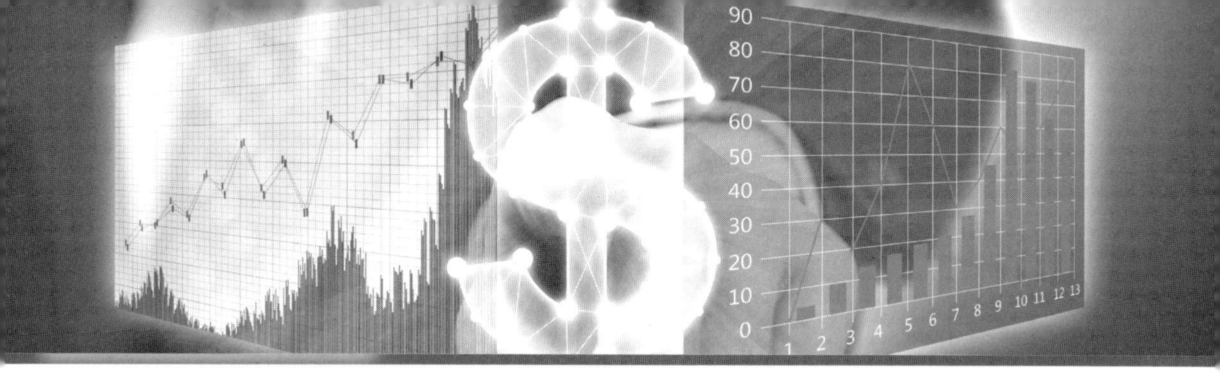

제4장 수입대금 결제와 선적서류 인도

1. 수입대금 결제방법별 선적서류 인도

가. 화물과 선적서류의 도착통지

수출자는 선적완료 후 화물이 수입지에 도착하기 전에 수입자에게 FAX, E-mail, Telex 등으로 선적통지(Shipping Advice)를 보낸다. 수입지에 화물이 도착하면 선박회사(항공화물의 경우는 항공회사)로부터 화물도착통지서(Arrival Notice)가 수입자에게 보내 온다. 신용장 거래에서도 선하증권(항공화물 운송장)의 착하통지처(Notify Party)는 수입자로 되어 있다. 한편 수입지의 신용장 발행은행에는 수출지의 매입은행으로부터 선하증권(항공화물 운송장)과 함께 선적서류가 보내 온다. 발행은행은 선적서류의 도착을 알리고 지급이나 인수를 요구하는 선적서류 도착통지를 수입자에게 보낸다.

수출자가 선적통지와 선적서류의 사본을 수입자에게 보내면 수입자는 배선표 등에 의해서 화물의 도착예정일을 알 수 있다. 원칙으로 선박회사로부터 화물의 인수를 요구받기 전에 은행으로부터 선적서류 도착통지서가 보내 온다. 이 통지서를 받으면 수입대금을 결제해야 한다.

나. 수입대금결제방법에 의한 선적서류 인도

수입대금의 결제에는 (1) 신용장(L/C)에 의한 결제, (2) 추심결제(D/P, D/A) 방식, 즉 추심어음에 의한 결제, (3) 송금환에 의한 결제, (4) 기타의 결제 등의 방법이 있다.

화환어음을 결제수단으로 이용하고 있는 경우 수입화물의 양륙 및 수입통관을 위해서는 수출지에 있는 은행으로부터 수입지은행에 내도한 화환어음에 첨부되어 있는 선적서류가 필요하다. 수입자가 선적서류를 입수하기 위해서는 수입지의 은행에 화환어음의 대금 즉 수입대금을 결제하여야 한다. 화환어음 결제방법에는 크게 나누어 신용장에 의거하여 발행된 화환어음의 결제, 신용장에 의거하여 발행하지 않는 화환어음 즉 D/P, D/A 어음결제 두 가지가 있다.

1) 신용장에 의한 선적서류 인도

신용장 발행은행이 수입자에게 선적서류를 인도하는 과정을 보면 수출지에 있는 수익자(수출자)가 계약상품을 신용장 조건대로 선적한 후 선적서류를 준비한 다음 이 서류를 담보로 하여 화환어음을 발행하고 선적서류 및 신용장을 첨부하여 매입은행에 매도하고 매입은행은 수익자에게 어음대금(수출대금)을 지급한다. 이어서 매입은행은 선적서류, 어음 및 발송장(covering letter) 또는 어음추심의뢰서를 발행은행에 보낸다. 이것들을 접수한 발행은행은 자기가 발행한 신용장조건과 선적서류 등이 일치하는가를 심사하고 발행의뢰인에게 서류내도의 사실을 통지하고 선적서류를 인수하도록 한다. 이와 같이 발행은행이 선적서류와 신용장조건과의 일치여부를 심사하고 수입대금의 결제를 하고 수입자에게 선적서류를 인도하는 것을 신용장에 의한 서류의 인도라고 한다.

발행은행이 수입자(발행의뢰인)에게 선적서류를 인도하는 방법에는 거래의 내용에 따라 여러 가지가 있다.

(i) 신용장조건과 일치하는 선적서류를 일람출급방식으로 단순하게 수

입자에게 인도하는 방법

(ii) 신용장조건과 일치하지 않는 선적서류를 별도의 취급으로 인도하는 방법

(iii) 계약물품이 수입항(도착항)에 도착하였으나 선적서류의 원본이 발행은행에 내도하지 않아 수입자가 은행에 「수입화물선취보증서」(L/G)의 발행을 요구하여 이 L/G를 선박회사에 제출하고 물품을 인도 받는 방법

(iv) 수입자가 일람출급 신용장으로 상품을 수입하였으나 선적서류 인수를 위한 수입대금이 없는 경우 화물담보권을 갖고 있는 은행과 화물의 인수를 위한 「수입화물대도(T/R)」 계약을 맺고 선적서류를 인도 받는 방법 등이 있다.

① **신용장조건일치 선적서류의 인도** : 선적서류가 내도하면 발행은행은 서류 내도의 사실을 전화나 서면으로 발행의뢰인에게 통보하고 선적서류수취증을 징수한다. 발행의뢰인(수입자)은 선적서류가 신용장조건과 일치하면 선적서류가 발행은행에 도착한 날로부터 7일 이내에 선적서류를 인수하여야 한다. 수입대금을 지급하거나 금융으로 대처하는 경우 시간적 여유가 필요하기 때문에 7일간의 유예일을 인정하고 있다.

② **신용장조건불일치 선적서류의 처리와 인도** : 발행은행이 매입은행으로부터 송부받은 서류가 외관상(문면상) 신용장조건을 충족시키고 있지 않다는 이유로 발행은행이 서류를 거절하려는 경우 그 거절이 정당한 것이 되기 위해서는 (1) 발행은행은 서류수취 후 7은행영업일 내에 거절을 결정하고 이 거절의 통지를 지체 없이 매입은행, 수익자 등 서류제시자에게 전신수단 또는 기타 신속한 수단으로 행하고 (2) 그 거절통지에는 신용장조건과의 불일치(discrepancy)를 구체적으로 명시하고 서류제시자의 지시를 기다리면서 보관 중에 있거나 또는 제시자에 반송 중에 있다는 것 등을 명확하게 해 둘 필요가 있다. 발행은행이 이러한 절차를 게을리 하였을 때에는 이미 서류를 거절할 수 없게 되므로 세심한 주의가 필요하다.

신용장거래의 실무에서는 발행은행이 서류점검에 의해 신용장조건과의 불일치가 있다는 것을 발견한 경우에는 즉시 수출지에 있는 매입은행에 지급거절의 통지를 발신하지 않고 발행의뢰인에게 서류의 인수여부를 확인하기 위하여「수입신용장조건불일치」에 관한 조회를 보낸다. 조회 및 그 수락은 서면으로 해야 된다. 발행의뢰인이 신용장 조건불일치 서류의 인수를 수락하고 게다가 발해의뢰인의 신용상의 문제가 없으면 발행은행은 서류를 거절하지 않고 통상대로 결제처리하고 선적서류를 발행의뢰인에게 인도한다.

한편 발행의뢰인이 이러한 서류를 거절한 경우에는 발행은행은 서류의 제시자에 대해 거절절차를 취한다.

2) 무신용장 추심결제(D/P, D/A) 방식에 의한 선적서류인도

무신용장 추심결제(D/P, D/A)에서는 원칙적으로 어음의 매입을 의뢰할 수 없고 추심(Collection)을 의뢰한다. 어음의 지급인은 수입자이고 이 결제에 사용되는 어음은 추심어음(Bill for Collection ; B/C) 이라고 한다. 수출자는 수출지의 은행에 어음의 추심을 의뢰하고 이 은행은 수입지의 은행에 어음대금의 추심을 의뢰한다.

D/P 어음은 일람출급어음이고 D/A 어음은 기한부어음이다. D/P 어음은 문자 그대로 어음대금을 지급하지 않으면 수입자는 은행으로부터 선적서류를 인도 받을 수 없다. 또한 D/A 어음은 수입자가 어음을 인수하면 선적서류를 인도 받을 수 있다.

수입자의 입장에서 보면 신용장에 의거하지 않는 결제는 신용장 발행수수료, 절차, 시간 등이 절약되는 장점이 있지만 선적서류가 도착되지 않으면 L/G에 의한 보증인도를 은행에 요청해야 하는 단점이 있다. 그러나 최근에 외국의 수입자가 D/P, D/A의 장점 때문에 이 거래방식을 요구하고 있다. 우리나라 기업도 해외도처에 지사 또는 현지법인을 설치하고 본・지사간 거래에는 신용장 거래를 할 필요가 없으므로 D/P, D/A 거래가 증가하고 있다.

3) 송금결제에 의한 선적서류 입수

송금결제란 대금을 송금(remittance)하는 방법이다. 신용장결제 및 추심결제(D/P, D/A)의 방법처럼 복잡한 절차를 거쳐 송부되어온 선적서류를 입수할 필요가 없으므로 가장 간단한 방법이다. 종전에는 소액수입의 결제나 견본대금의 결제 등의 경우에는 이 송금결제방법이 자주 이용되었다. 그러나 최근에는 송금결제방법이 신용장결제 및 추심결제보다 더 많이 이용되고 있다.

송금결제에는 화물은 인수하기 전에 먼저 수입대금을 송금하는 사전송금결제와 화물을 인수한 후 송금하는 사후송금결제 두 가지가 있다.

다. EDI를 이용한 수입대금결제 업무

수입의 경우도 수출의 경우와 같이 신용장방식과 무신용장(D/P, D/A)방식 및 송금결제방식으로 대금결제가 이루어지며, 신용장방식의 경우는 일람불 및 기한부 등 조건에 따라 결제시기의 차이가 발생한다.

보통 수입자가 취소불능화환신용장을 일람불(AT SIGHT) 또는 기한부(USANCE)방식으로 개설신청을 할 경우 발행은행은 신용장개설수수료, 전신료를 징수하고 지급보증을 하게 되고, 수입자에게는 계산서 및 신용장을 발행하게 된다. 이때 수입자는 지급부서에서 경비를 인출하여 개설과 동시에 발행은행에 지급해야 하므로 개설시 업무처리가 상당히 불편하다.

그렇지만 전자문서교환방식(EDI)으로 결제하는 경우는 수입자와 신용장 발행은행간에 약정된 결제구좌에서 신용장개설관련 경비가 자동 인출되며, 발행은행이 서류로 발행되는 계산서도 EDI로 송부하여 줌으로써 신속한 업무처리가 이루어진다. 최근 일부은행에서는 신용장개설 경비중 EDI방식으로 신청하는 경우는 개설전신료를 면제해 주기도 하며, 기한부신용장중 Bankers Usance인 경우는 해외 인수은행에서 송부된 수입어음할인(discount) 내역을 발행은행이 수입자에게 EDI로 통보해줌으로써 수입자가 자금 결제의 정보로 활용할 수 있도록 하고, 또한 선적서류의 도착 사실을 EDI로 통보해줌으로써 결제기일 지연으로 인한 자금부담을 줄여 주고 있다.

| 표 4-1 | 수입대금결제 관련 전자문서

문 서 명	전자문서	비 고
계 산 서	FINPIL	수입신용장개설수수료 등
어 음 할 인	DISCHG	수입어음할인내역통보서
선 적 서 류 도 착 통 지	DONATC	선적서류도착통지

2. 선적서류 도착전 화물인수

가. 수입화물의 선취보증

항공화물처럼 화물이 운송개시 후 1일 또는 2일 이내에 도착되는 경우나 일본이나 대만처럼 근거리에 있는 나라에서 선적한 화물의 경우 화물이 은행을 통한 선적서류 보다 먼저 도착하는 경우가 흔히 있다. 이러한 경우 선하증권과 상환하지 않고서는 화물은 수취할 수 없다면 수입자는 화물을 눈앞에 두고서도 이것을 인수하지 못하여 전매할 기회를 놓칠 우려가 있다. 선박회사는 원칙적으로는 선하증권(B/L)과 상환하지 않고서는 화물을 인도하지 않지만 수입자가 선하증권 대신에 수입화물 선취보증서(L/G ; Letter of Guarantee)를 은행으로부터 발급받아 선박회사에 제출하면 화물을 인수할 수 있다. 수입자는 선하증권이 도착하면 지체 없이 선박회사에 제출하고 L/G를 돌려 받는다. L/G에 의하여 인도된 화물에 발생하는 모든 손해는 하주 및 보증은행이 책임진다. 선적서류의 하자에 따른 Unpaid 처리 등은 불가하다. L/G를 발급 받아 수입화물을 인도 받은 수입자는 L/G 발급일로부터 20일 이내에 수입대금을 외국환은행에 예치해야 한다.

그림 4-1 수입화물선취보증서(L/G)의 흐름

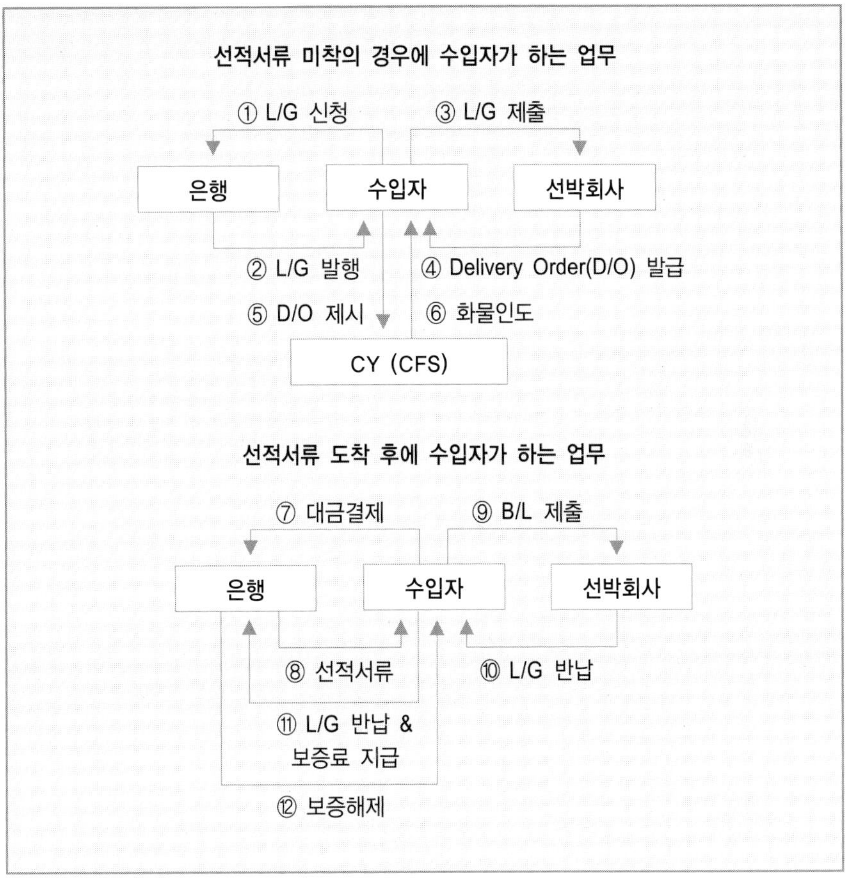

나. 수입화물 선취보증서(L/G) 신청(오프라인 방법)

1) 수입보증금 예치

L/G발급은 선적서류의 원본을 인도하는 것과 동일한 효과를 가지므로 수입자는 L/G발급시 수입보증금으로 L/G 금액의 일정비율을 예치해야 한다. L/G가 발행된 후 선적서류가 내도하면 L/G를 회수하기 위하여 B/L의 원본에 발행은행이 배서하고 선박회사에 제출하여 L/G를 회수한다.

2) D/A 및 D/P 조건에 의한 L/G 발행

① D/A 조건에 의한 L/G 발행 : D/A 조건에 의한 L/G를 발행하기 위하여는 (ⅰ) 수입화물이 국내항에 도착하고, (ⅱ) 추심 의뢰은행으로부터 관계선적서류를 발송했다거나 혹은 장차 발송하겠다는 확인 통고를 받은 후에 L/G를 발급하는 것이 원칙이다.

② D/P 조건에 의한 L/G 발행 : 수입화물이 도착했으나 관계서류의 원본이 아직 도착하지 않았을 때 또는 이미 선적서류 원본이 도착했으나 분할결제를 하기 위하여 L/G를 발행하는 경우가 있다.

3) 수입화물선취보증(신청)서 기재요령(오프라인 방법)

예시 4-1 수입화물선취보증신청서

수입화물선취보증신청서

(Application For Letter of Guarantee)

계	대리

① 선박회사명 (Shipping Co) Hanjin Shipping Co.		⑥ 신용장(계약서)번호(Number or Credit) : MO655-506ESS-00064	⑦ L/G번호 (L/G Number)
		⑧ 선하증권번호 (Number of B/L)	63232132
② 송화인 (Shipper) Imato Seimo Kabushiki Kaisya		⑨ 선박명 (Vessel Name)	Dae Ryung
		⑩ 도착(예정)일 (Arrival Date)	July 14, 2003
		⑪ 항해번호 (Voyage No.)	No. 32
③ 상업송장금액 (Invoice Value) US$76,800.00		⑫ 선적항 (Port of Loading)	Osaka, Japan
		⑬ 도착항 (Port of Discharge)	BUSAN, KOREA
④ 화물표시 및 번호 (Nos. & Marks)	⑤ 포장수 (Packages)	⑭ 상품명세(Description of Goods)	
ISK BUSAN P/NO.1 Made in Japan	6 B/L	55% Silk 45% Acrylic Mixed Fancy Yarn 2/12Smm/CR/W) 12,000lbs	

본인은 위 신용장등에 의한 관계 선적서류가 귀행에 도착하기 전에 수입화물을 인도받기 위해 수입화물 선취보증을 신청하며 본인이 따로 제출한 수입화물 선취보증서(LETTER OF GUARANTEE)에 귀행이 서명함에 있어 다음 사항에 따를 것을 확약합니다.

1. 귀행이 수입화물 선취보증서에 서명함으로써 발생하는 위험과 책임 및 비용은 모두 본인이 부담하겠습니다.
2. 본인은 귀행의 요청이 있으면 언제든지 위 수입화물을 귀행에 인도하겠습니다.
3. 본인은 위 수입화물에 관한 관계 선적서류를 제3자에게 담보로 제공하지 않았음을 확인하며, 또한 귀행의 서면 동의없이 이를 담보로 제공하지 않겠습니다.
4. 본인은 위 수입화물에 관한 관계 선적서류가 도착할 때에는 신용장 조건과의 불일치 등 어떠한 흠에도 불구하고 이들 서류를 반드시 인수하겠습니다.

2013년 7월 16일

신청인 이 재 홍 ㊞
주 소 서울 강남구 논현동 250-16
TEL. 546-1515

인감대조

한국외환은행 앞

870912136-5513(1)B-6 (210×297)

예시 4-2 수입화물선취보증서

LETTER OF GUARANTEE

Date : July 15, 2003

<table>
<tr><td colspan="2" rowspan="2">① Shipping Co.
Hanjin Shipping Co., Ltd.</td><td>⑥ Number of Credit
M 0655-505ES-00064</td><td>L/G No. ⑦</td></tr>
<tr><td colspan="2">⑧ Number of B/L OB-4</td></tr>
<tr><td colspan="2" rowspan="3">② Shipper
Yamato, Seimo
Kabushiki Kaisya</td><td colspan="2">⑨ Vessel Name Dae Ryong</td></tr>
<tr><td colspan="2">⑩ Arrival Date July 14, 2003</td></tr>
<tr><td colspan="2">⑪ Voyage No. 32</td></tr>
<tr><td colspan="2" rowspan="2">③ Invoice Value
US$76,800.-</td><td colspan="2">⑫ Port of Loading Osaka, Japan</td></tr>
<tr><td colspan="2">⑬ Port of discharge Busan, Korea</td></tr>
<tr><td>④ Nos. & Marks
EMBLEX EX J.M.</td><td>⑤ Packages
6 B/L</td><td colspan="2">⑭ Description of Goods
55% Silk 45% Acrylic Mixed Fancy Yarn
2/12smm(R/W) 12,000lbs</td></tr>
<tr><td colspan="4">In consideration of your countersigning the said Letter of Guarantee, we hereby agree to hold you harmless from all consequences that may arise from you doing so, and to indemnify you against all Claims and/or demands which may be made against you, in respect to the said goods, including losses, damages, costs or any other expense which you may sustain or incur by reason of the premises or in any way relating thereto. And further if any proceedings be instituted against you at any time in respect to the said goods, we promise to provide you with sufficient funds to defend the same, including attorney's fees and court costs. And if called upon, we undertake at any time while the said goods are in our possession to deliver same to you.
We further agree, on receipt of the Bill of Lading for the above shipment to deliver the said Letter of Guarantee to you for cancellation. And we hereby guarantee that the said documents for the cargo herein mentioned have not been hypothecated to any other bank, firm or person and we hereby further promise and agree that they will not be so hypothecated without your written consent.</td></tr>
<tr><td colspan="4">주 소 :
신청인 : 삼호무역주식회사
한국외환은행장 귀하 TEL. 540-1515</td></tr>
</table>

인감대조		검 인		확 인	

[기재사항]

① Shipping Co. : 당해 수입물품의 국제운송업자로서 B/L 또는 Air waybill 상에 기재된 내용과 일치해야 한다. L/G 상의 Shipping Co.는 구체적으로 명기해야 하는데 그 이유는 약자로 표기할 경우 B/L 원본이 도착한 후에 분쟁의 우려가 있기 때문이다.

② Shipper : Shipper는 당해 물품을 선적한 자로서 L/C 상의 Beneficiary와 B/L 상의 Shipper와 일치해야 한다. L/C 상의 Beneficiary와 B/L 상의 Shipper가 일치하지 않은 경우에는 L/C 상의 Third Party B/L Acceptable 이라는 조건이 명시되어 있어야 한다.
③ Invoice Value : 당해 물품의 가격으로서 B/L 상에 표시된 물품의 가격을 말한다. 이 상품을 수입업자가 우선 선취하기 위하여 은행이 L/G를 발행하는 것이므로, 이 송장금액은 수입업자가 제출한 송장의 금액과 반드시 일치해야 한다.
④ Nos. & Marks : 수입물품 · 포장의 Mark 로서 수입업자가 L/G를 받기 위해서 제출한 Commercial Invoice. Packing List. B/L 또는 Air waybill 상의 Nos. & Marks와 일치해야 하며 L/G 신청서 상의 Packages 란에 기재하면 된다.
⑤ Packages : 물품의 포장갯수로서 B/L 상에 표시된다. 보증서 상의 Packages란에 기재된다.
⑥ Number of Credit : L/C에 의거해서 L/G를 발행하므로 당해 L/G No.와 일치해야 한다. 후에 B/L 원본이 도착하면 선박회사에 B/L 원본을 보내고 은행의 L/G를 회수해야 하므로 L/G No.는 정확해야 한다.
⑦ L/G No. : 은행의 L/G 발행에 대한 Reference No.로서 L/G 사후관리에 필요한 No.이다. 이것은 수입업자가 기재하는 사항이 아니고 은행에서 부여하는 번호이다.
⑧ Number of B/L : B/L or Air Waybill의 고유번호로서 이 번호를 L/G 신청서 상에 기재하면 된다.
⑨ Vessel Name : 화물이 선적된 선박의 명칭으로서 B/L 상에 기재된 Vessel Name과 일치해야 한다.
⑩ Arrival Date : 화물은 도착되었으나 B/L 원본의 미도착으로 화물을 찾지 못하는 경우에 L/G를 발급 받는 것이므로 선박회사에서 B/L 상에 화물의 도착일자를 표시해 준다. 은행은 이것을 확인한 후 L/G를 발급해 준다.
⑪ Voyage No. : 화물을 선적한 Vessel의 No.로서 B/L 상에 기재된 No.와 일치되어야 한다.
⑫ Port of Loading : 화물의 선적이 이행된 항구로서 B/L 상에 명기되는데 이 선적항은 L/G 조건과 일치해야 한다.
⑬ Port of Discharge : 화물이 도착되는 국내 항구로서 B/L 상에 기재되는데 이 도착항은 L/G 조건과 일치해야 한다.
⑭ Description of Goods : 당해 상품을 인도받기 위해서 L/G를 발급 받는 것이므로 상품의 명세는 제반 서류 상의 기재내용과 일치시켜야 함은 물론이며 L/G 상에서 요구한 상품인가를 확인하여야 한다. 만일 L/C 상의 상품과 불일치할 경우에는 I/L을 반드시 amend 해야 한다.

다. eXedi를 이용한 수입화물선취보증신청서 작성요령

① 수입화물선취보증신청서 (초기화면)

- 수신처 : 수입화물선취보증신청서를 받는 은행을 지정. 찾기버튼으로 지정 찾기에서 수신처가 표시되지 않으면 거래약정등록을 하지 않은 경우이므로 거래은행과 거래약정 체결을 하고 거래약정항목에 등록
- 전자문서이름 : 해상화물, 항공화물 구분 (코드사용)
- 전자문서번호 : 자동생성
- 전자문서기능 : "Original" 선택
- 발급은행 : 거래은행의 은행외국환 점포코드 4자리를 반드시 입력. 은행명, 지점명 입력

② 수입화물선취보증신청서 (제2화면)

- 선박(운송)회사명 : B/L에 기재된 선박회사명 입력
- 송하인 : 물품을 선적한 자로 B/L상의 Shipper와 일치
- 신용장(계약서)번호 : 신용장번호 입력
- 선하증권(항공화물운송장)번호 : 선하증권에 기입된 번호 입력
- 선하증권(항공화물운송장)발급일 : 선하증권에 기입된 발급일 입력
- 운송정보 : 선하증권에 기입된 선박명과 항해번호 기입
- 도착예정일 : 물품 도착예정일 기입

③ 수입화물선취보증신청서 (제3화면)

- 선적항(출발공항) : 선적항의 국가코드와 지명(항구) 입력. L/C조건과 일치
- 도착항(도착공항) : 도착항의 국가코드와 지명(항구) 입력 L/C 조건과 일치
- 상업송장금액 : B/L에 표시된 물품의 가격으로 송장의 금액과 반드시 일치해야 함
- 화물표시 및 번호 : 수입물품의 포장 Mark로 수입업자가 L/G를 받기 위해서 제출한 C/I, P/L, B/L 상의 Nos. & Marks와 일치해야 함.
- 포장수 : 물품의 포장갯수로 B/L상에 표시. B/L에 기재된 선박회사와 일치해야 함

④ 수입화물선취보증신청서 (제4화면)

- 상품명세 : 상품의 품명 및 수량, 단가, 금액 등을 입력
- 대금결제조건 : 결제조건을 입력
- 신청일자 : 수입화물선취보증신청서를 은행에 신청하는 일자를 입력
- 신청인 : 신청인의 상호, 주소, 명의인, 전자서명을 입력

3. 선적서류의 대도(貸渡)

가. 선적서류의 대도방법

신용장에 의거하여 발행된 화환어음은 수입자가 그 어음의 대금을 지급하지 않고는 그 어음의 담보로 첨부되어 있는 선적서류를 입수할 수 없다. 무신용장의 D/P 어음도 그 어음의 대금을 지급하지 않고서는 선적서류를 입수할 수 없다. 또한 신용장의 유무와 관계없이 결제자금을 은행으로부터 차입하여 수입대금을 결제하는 경우에도 결제 전까지는 선적서류는 은행의 담보물이다. 수입자는 선적서류가 없이는 수입통관신고를 할 수가 없고 또한 운송인으로부터 수입화물을 인도받을 수 없어 거래상 불편이 많다. 따라서 선적서류의 소유권은 담보물로서 그것을 보유하고 있는 은행에 있다는 것을 인정하고 그 선적서류를 차수(借受)하기 위하여 은행소정의 수입화물대도(T/R)신청서에 필요사항을 기재하고 은행에 제출한다. 은행은 수입화물대도와 상환으로 선적서류를 수입자에게 대도(貸渡) 한다. 즉 수입화물대도는 은행은 담보권을 확보한 채로 수입자에게 담보화물을 대도하고 수입자는 화물매각대금으로 대금결제 또는 차입금을 상환하는 제도이다.

일람출급(at sight) 거래에서는 선적서류가 내도되면 수입대금을 지급하여야만 선적서류를 수령할 수 있으나, 금융이 일어나는 경우 및 기한부거래에 있어서는 수입대금을 일정기간 후에 지급하게 된다.

수입화물의 대도는 신용장 발행은행이 소위 자동결제기능에 따라 수입화물을 담보로 취급하게 되며, 은행은 소유권만 보유하고 수입자가 본래의 목적을 달성할 수 있도록 수입물품을 통관하여 제조, 가공, 판매할 수 있도록 하고 동 물품의 판매대금으로는 우선적으로 수입대금을 결제하도록 하는 대출행위이다. 수입화물대도(T/R)의 유형은 다음과 같다.

① 수출용 원자재 수입에 따른 T/R : 무역금융(원자재 수입자금)을 수혜하고 수입대금을 대응수출 이행시 상환토록 한다.

② 인수금융에 따른 T/R : usance L/C 또는 D/A로 수입하고 연지급기간 만기일에 수입대금을 상환토록 한다(내국수입 usance).

③ 할부지급에 따른 T/R : 외화획득용 시설재 등을 분할지급 수입하고 분할결제방식에 의거 상환토록 한다.

④ 외화대출 및 차관자금에 의한 T/R : 외화대출 또는 차관자금 공여시 당해 대출 또는 차관자금의 상환일정에 의거 상환토록 한다.

⑤ T/R Loan에 의한 T/R

나. 수입화물대도(T/R)신청서 기재요령(오프라인 방법)

예시 4-3 수입화물대도(T/R) 신청서

계	대 리	차 장	부점장

수 입 화 물 대 도(T/R) 신 청 서

주식
회사 우리은행
앞

본인은 아래 신용장 등에 의하여 도착된 수입화물을 대도 신청함에 있어서 은행 여신거래 기본약관, 따로 제출한 수입거래약정서 및 양도담보 계약서의 모든 조항에 따를 것을 확약합니다.

① 선하증권 기 타	번 호 : HJBU 115N 발행인 : 한진해운	발행일 : 2003. 3. 4
② 대 도 (T/R)금액	금 액 : US$ 213,074.34	(원화 : a : 670 142,759,797. ④ 이 율 : 소정이율
신 용 장 등	번 호 : M 1701 403 ES 01234 금 액 : US$500,000.-⑥	⑤ 발행일 : 2003. 3. 10
⑦ 물 품 명 세	물품명 : Raw Hide 수 량 : 232,886LBS(4,249pcs) 단 가 : @50.25/pc 금 액 : US$213,074.34	화물표시 및 번호 : Dong Guk BUSAN NO. 1/25
	선적항 : Seattle, U. S. A. 도착항 : Busan, Korea. 도착(예정일) : 1998. 7. 5	선 명 : Neptune Diamond

⑧ 선적서류	선하 증권	항공화물 운송장등	상업 송장	보험 서류	포 장 명세서	원산지 증명서	중 량 용 적 증명서	검 사 증명서	기 타
통 수	/		/		/				

2003년 3월 11일

신청인 동국무역(주) ㉺
주 소 서울 종로구 계동 200

인감대조

[기재요령]

① 선하증권 : 수입담보화물 대도(선인도) 신청인은 수입담보화물 대도(선인도) 신청을 하고자 하는 물품에 해당하는 선하증권(B/L) 본문에 기재되어 있는 증권의 번호, 증권 발행인과 증권 발행일자를 일치하도록 기재하여야 한다.

② T/R 금액 : 수입담보화물 대도(선인도) 신청에 해당하는 수입화물의 해당 금액을 말하며, 해당 선하증권의 물량에 해당하는 송장의 금액과 일치해야 한다. 금액 기재는 수입외화금액을 기재하여 원화환산액은 수입담보화물 대도(선인도) 신청 당일의 대고객 전신환 매도율(T/T Selling Rate)을 적용한다.

③ 송장금액 : 수입담보화물 대도(선인도) 신청에 해당하는 수입화물에 대한 송장금액을 기재하며 당해 물품에 대해 송장이 여러 장으로 발행된 경우에는 그 합계 금액으로 기재한다.

따라서 선하증권에 나타나는 수입화물 수량과 송장의 물품과 수량 등이 일치하게 되므로 ③항의 T/R 금액과 송장금액은 일치하게 된다. 그런데 간혹 한 송장에 선하증권이 여러 장으로 발행되는 경우가 있는데, 이 경우에는 선하증권에 해당하는 금액만 기재하는 것이 아니고 송장금액 전액을 기재한다.

④ 이율

⑤ 신용장 번호 : 수입담보화물 대도(선인도) 신청에 해당하는 물품을 수입하기 위해 수입자가 금융기관에서 개설하였던 수입 신용장의 번호를 기재하며, 수입담보화물 대도(선인도) 신청서의 신용장 번호와 선하증권의 본문, 송장, 포장명세서 등에 기재되어 있는 수입신용장의 번호와 일치하여야 한다.

⑥ 신용장 금액 : 수입담보화물 대도(선인도) 신청을 하고자 하는 건에 해당하는 수입신용장의 금액이 기재되어야 하며 원 수출신용장의 금액을 기재하여서는 안된다.

제5장

신용장 통일규칙(UCP 600)

1. 신용장통일 규칙의 의의
2. 신용장토일 규칙(UCP 600)의 해설

IDEA

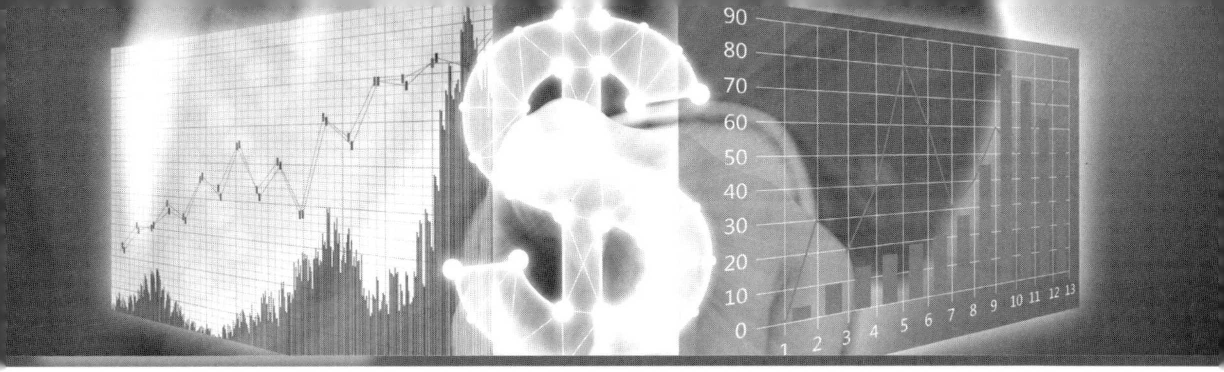

제5장 신용장 통일규칙(UCP 600)

1. 신용장통일 규칙의 의의

신용장통일규칙(화환신용장에 관한 통일규칙 및 관례, The Uniform Customs and Practice for Documentary Credits)은 신용장거래의 국제적인 규칙이나 관행을 통일적으로 해석한 것으로 1933년(UCP 82)에 제정하였으며, 현재까지 6차례(1951년 · 1962년 · 1974년 · 1983년 · 1993년 · 2007년) 개정하였다.

신용장통일규칙은 법(law)이 아니라 국제적으로 통일된 신용장 해석기준과 거래의 준칙을 제공하는 규칙(rule)에 불과하다. 따라서 신용장통일규칙의 적용을 위하여 신용장에 '본 신용장은 2007년 개정, ICC 간행물 No. 600 신용장통일규칙에 따른다.' (This Credit is subject to the Uniform Customs and Practice for Documentary Credits(2007 Revision), International Chamber of Commerce, Publication No. 600)라는 문구를 삽입하고 있다.

UCP 600(The Uniform Customs and Practice for Documentary Credits, 2007 Revision, ICC Publication no. 600)은 2006년 10월 25일 파리에서 개최된 ICC 은행위원회에서 승인되어, UCP 600이 2007년 7월 1일부터 시행

되었다.

UCP 600은 제2조(Definitions, 정의) 및 제3조(Interpretations, 해석) 등을 추가하는 한편, 기존의 49개 조항을 39개 조항으로 통합·정리하였다. UCP 600에서 신설된 조항으로는 §2(정의), §3(해석), §9(신용장 및 변경통지), §12(지정), §15(일치하는 제시), §17(원본서류 및 사본)이 있고, UCP 500에서 폐지된 조항으로는 §5(신용장의 개설/변경 지시), §6(취소 가능한…), §8(취소), §12(불완전 또는 불명료한 지시), §38(다른 서류들) 및 기타 많은 조항의 내용들이 UCP 600원문 내에 통합되었다.

UCP 600에서 눈에 띄는 내용상 변화는 서류심사기간이 제7은행영업일 내 상당기간에서 최장 제5은행영업일로 단축되었다. 또한 연지급신용장의 할인을 허용하고, 불명확한 용어를 제거하였다는 점이다.

| 표 5-1 | UCP600 조항별 규정내용

Article	Title	Article	Title
§1	UCP의 적용	§21	비유통성 해상화물운송장
§2	정의	§22	용선계약 선하증권
§3	해석	§23	항공운송서류
§4	신용장 vs 계약	§24	도로, 철도, 내수로 운송서류
§5	서류 vs 물품, 용역, 이행	§25	특송화물수령증, 우편수령증, 우편증명서
§6	사용가능성, 유효기일 및 제시장소	§26	갑판적, 부지약관 및 부가운임
§7	개설은행 확약	§27	무고장 운송서류
§8	확인은행 확약	§28	보험서류 및 담보
§9	신용장 및 변경 통지	§29	유효기일의 연장, 최종제시일자
§10	조건변경	§30	금액, 수량 및 단가의 용인
§11	전송, 사전통지신용장, 조건변경	§31	분할 어음발행 또는 선적
§12	지정	§32	할부 어음발행 또는 선적
§13	은행 간 상환약정	§33	제시기간
§14	서류심사 기준	§34	서류효력에 관한 면책
§15	일치하는 제시	§35	송달 및 번역에 관한 면책
§16	불일치서류, 권리포기 및 통지	§36	불가항력
§17	원본서류 및 사본	§37	彼지시인의 행위에 대한 면책
§18	상업송장	§38	양도가능 신용장
§19	2가지 이상의 운송방식을 표시하는 운송서류	§39	대금의 양도
§20	선하증권		

2. 신용장통일 규칙(UCP 600)의 해설

Article 1 Application of UCP 600

The Uniform Customs and Practice for Documentary Credits, 2007 Revision, ICC Publication no. 600 ("UCP") are rules that apply to any documentary credit ("credit")(including, to the extent to which they may be applicable, any standby letter of credit) when the text of the credit expressly indicates that it is subject to these rules. They are binding on all parties thereto unless expressly modified or excluded by the credit.

제1조 신용장통일규칙(UCP 600)의 적용

2007년 개정 국제상업회의소 간행물 제600호의 화환신용장통일규칙 및 관례(UCP)는 본 규칙이 신용장 문언에 본 규칙에 따른다고 분명히 명시하고 있는 경우 모든 화환신용장("신용장")(적용가능한 범위 내에서 모든 보증신용장을 포함하여)에 적용되는 규칙이다. 본 규칙은 신용장에 분명히 수정되거나 또는 배제되지 아니하는 한 모든 관계당사자를 구속한다.

Article 2 Definitions

For the purpose of these rules:

Advising bank means the bank that advises the credit at the request of the issuing bank.

Applicant means the party on whose request the credit is issued.

Banking day means a day on which a bank is regularly open at the place at which an act subject to these rules is to be performed.

Beneficiary means the party in whose favour a credit is issued.

Complying presentation means a presentation that is in accordance with the terms and conditions of the credit, the applicable provisions of these rules and international standard banking practice.

Confirmation means a definite undertaking of the confirming bank, in addition to that of the issuing bank, to honour or negotiate a complying presentation.

Confirming bank means the bank that adds its confirmation to a credit upon the issuing bank's authorization or request.

Credit means any arrangement, however named or described, that is irrevocable and thereby constitutes a definite undertaking of the issuing bank to honour a complying presentation.

Honour means:

a. to pay at sight if the credit is available by sight payment.
b. to incur a deferred payment undertaking and pay at maturity if the credit is available by deferred payment.
c. to accept a bill of exchange ("draft") drawn by the beneficiary and pay at maturity if the credit is available by acceptance.

Issuing bank means the bank the issues a credit at the request of an applicant or on its own behalf.

Negotiation means the purchase by the nominated bank of drafts (drawn on a bank other than the nominated bank) and/or documents under a complying presentation, by advancing or agreeing to advance funds to the beneficiary on or before the banking day on which reimbursement is due to the nominated bank. Nominated bank means the bank with which the credit is available or any bank in the case of a credit available with any bank.

Presentation means either the delivery of documents under a credit to the issuing bank or nominated bank or the documents so delivered.

Presenter means a beneficiary, bank or other party that makes a presentation.

제2조 정의

본 규칙을 위하여:

통지은행이라 함은 발행은행의 요청으로 신용장을 통지하는 은행을 말한다.

발행의뢰인이라 함은 신용장이 발행되도록 요청하는 당사자를 말한다.

은행영업일이라 함은 본 규칙에 따라 업무가 이행되어 지는 장소에서 은행이 정규적으로 영업을 하는 일자를 말한다.

수익자라 함은 신용장이 발행되어 수혜를 받는 당사자를 말한다.

일치하는 제시라 함은 신용장조건, 본 규칙의 적용가능한 규정 및 국제표준은행관행에 따른 제시를 말한다.

확인이라 함은 발행은행의 확약에 추가하여 일치하는 제시를 인수·지급 또는 매입하겠다는 확인은행의 분명한 확약을 말한다.

확인은행이라 함은 발행은행의 수권 또는 요청에 따라 신용장에 확인을 추가하는 은행을 말한다.

신용장이라 함은 그 명칭이나 기술에 관계없이 일치하는 제시를 인수·지급하기 위한 발행은행의 취소불능적인 그리고 분명한 확약을 구성하는 모든 약정을 말한다.

인수·지급이라 함은 다음을 말한다.

a. 신용장이 일람지급에 의하여 사용가능한 경우 일람지급 하는 것.

b. 신용장이 연지급에 의하여 사용가능한 경우 연지급을 확약하고 만기일에 지급하는 것.

c. 신용장이 인수에 의하여 사용가능한 경우 수익자가 발행한 환어음("어음")을 인수하고 만기일에 지급하는 것.

발행은행이라 함은 발행의뢰인의 요청에 따라 또는 자기 자신을 위하여 신용장을 발행하는 은행을 말한다.

매입이라 함은 상환이 지정은행에게 행해져야 하는 은행영업일 또는 그 이전 수익자에게 대금을 선지급 또는 선지급 하기로 약정함으로써 일치하는 제시에 대한 환어음(지정은행이 아닌 은행을 지급인으로 하여 발행된) 및/또는 서류를 지정은행이 매입하는 것을 말한다.

지정은행이라 함은 신용장이 사용가능한 은행 또는 모든 은행에서 사용가능한 신용장의 경우 모든 은행을 말한다.

제시라 함은 발행은행 또는 지정은행에게 신용장에 의한 서류인도 또는 그와 같이 인도된 서류를 말한다.

제시인이라 함은 제시를 하는 수익자, 은행 또는 기타 당사자를 말한다.

Article 3 Interpretations

For the purpose of these rules:

Where applicable, words in the singular include the plural and in the plural include the singular.

A credit is irrevocable even if there is no indication to that effect.

A document may be signed by handwriting, facsimile signature, perforated signature, stamp, symbol or any other mechanical or electronic method of authentication.

A requirement for a document to be legalized, visaed, certified or similar will be satisfied by any signature, mark, stamp or label on the document which appears to satisfy that requirement.

Branches of a bank in different countries are considered to be separate banks.

Terms such as "first class", "well known", "qualified", "independent", "official", "competent" or "local" used to describe the issuer of a document allow any issuer except the beneficiary to issue that document.

Unless required to be used in a document, words such as "prompt", "immediately" or "as soon as possible" will be disregarded.

The expression "on or about" or similar will be interpreted as a stipulation that an event is to occur during a period of five calendar days before until five calendar days after the specified date, both start and end dates included.

The words "to", "until", "till", "from" and "between" when used to determine a period of shipment include the date or dates mentioned, and the words "before" and "after" exclude the date mentioned.

The words "from" and "after" when used to determine a maturity date exclude the date mentioned.

The terms "first half" and "second half" of a month shall be construed respectively as the 1st to the 15th and the 16th to the last day of the month, all dates inclusive.

The terms "beginning", "middle" and "end" of a month shall be construed respectively as the 1st to the 10th, the 11th to the 20th and the 21st to the last day of the month, all dates inclusive.

제3조 해석

본 규칙을 위하여:
적용 가능한 경우, 단수형의 단어는, 복수형을 포함하고, 복수형에는 단수형을 포함한다.

신용장은 비록 취소불능이라는 표시가 없다 하더라도 취소불능이다.

서류는, 수기, 모사 서명, 천공 서명, 스템프, 상징 또는 모든 기타의 기계적 또는 전자적 인증방법에 의하여 서명될 수 있다.

공인, 사증, 증명 또는 유사한 서류의 요건은 그러한 요건을 충족하는 것으로 보이는 서류상의 모든 서명, 표지, 스템프 또는 부전에 의하여 충족된다.

다른 국가에 있는 어떠한 은행의 지점은 독립된 은행으로 본다.

서류의 발행인을 설명하기 위하여 사용되는 “일류의(first class),” “저명한(well known),” “자격 있는(qualified),” “독립적인(independent),” “공인된(official),” “유능한(competent),” 또는 “국내의(local)”와 같은 용어는 서류발행을 위한 수익자 이외의 모든 발행인에게 허용한다.

서류에 사용되는 것으로 요구되지 아니하는 한, “신속히(prompt)”, “즉시

(immediately)" 또는 "가능한 빨리(as soon as possible)"와 같은 단어는 무시된다.

"~에 또는 ~경에" 또는 이와 유사한 표현은 어떠한 일이 명시된 일자 이전 역일(calendar days) 5일부터 명시된 일자 이후 역일 5일까지의 기간 동안에 발행되도록 약정하는 것으로 해석되며 초일 및 종료일이 포함되는 것으로 한다.

선적기간을 결정하기 위하여 사용된 경우 "to", "until", "till", "from" "between"이라는 단어는 언급된 일자 및 일자들을 포함하며, "before" 및 "after"라는 단어는 언급된 일자를 제외한다.

만기일을 결정하기 위하여 사용된 경우 "from" 및 "after"라는 단어는 언급된 일자를 제외한다.

어느 개월의 "전반" 및 "후반"이라는 용어는 모든 일자를 포함하여 당월의 1일부터 15일까지, 그리고 16일부터 말일까지로 각각 해석된다.

어느 개월의 "상순", "중순" 및 "하순"이라는 용어는 양쪽 일자를 포함하여 당월의 1일부터 10일까지, 11일부터 20일까지, 그리고 21일부터 말일까지로 각각 해석된다.

Article 4 Credits v. Contracts

a. A credit by its nature is a separate transaction from the sale or other contract on which it may be based. Banks are in no way concerned with or bound by such contract, even if any reference whatsoever to it is included in the credit.

Consequently, the undertaking of a bank to honour, to negotiate or to fulfil any other obligation under the credit is not subject to claims or defences by the applicant resulting from its relationships with the issuing bank or the beneficiary.
A beneficiary can in no case avail itself of the contractual relationships existing between banks or between the applicant and the issuing bank.

b. An issuing bank should discourage any attempt by the applicant to include, as an integral part of the credit, copies of the underlying contract, proforma invoice and the like.

제4조 신용장과 계약

a. 신용장은 그 성질상 그것이 근거가 되는 매매계약 또는 기타 계약과는 별개의 거래이다. 은행은 그러한 계약에 관한 어떠한 참조사항이 신용장에 포함되어 있다 하더라도 그러한 계약과는 아무런 관계가 없으며 또한 구속되지 아니한다. 따라서 신용장에 의하여 인수·지급, 매입하거나 또는 모든 기타 의무를 이행한다는 은행의 확약은 발행의뢰인이 발행은행 또는 수익자와의 관계로부터 야기되는 클레임 또는 항변에 지배받지 아니하는 조건으로 한다. 수익자는 어떠한 경우에도 은행 상호간 또는 발행의뢰인과 발행은행간에 존재하는 계약관계를 원용할 수 없다.

b. 발행은행은 신용장의 구성요소 부분으로서, 근거계약의 사본, 견적송장 및 기타 유사한 것을 포함시키고자 하는 모든 시도를 제지하여야 한다.

Article 5 Documents v. Goods, Services or Performance

Banks deal with documents and not with goods, services or performance to which the documents may relate.

제5조 서류와 물품, 서비스 또는 이행

은행은 서류로 거래하는 것이지, 그 서류와 관련될 수 있는 물품, 서비스 또는 이행으로 거래하는 것이 아니다.

Article 6 Availability, Expiry Date and Place for Presentation

a. A credit must state the bank with which it is available or whether it is available with any bank. A credit available with a nominated bank is also available with the issuing bank.

b. A credit must state whether it is available by sight payment, deferred payment, acceptance or negotiation.

c. A credit must not be issued available by a draft drawn on the applicant.

d. i. A credit must state an expiry date for presentation. An expiry date stated for honour or negotiation will be deemed to be an expiry date for presentation.

ii. The place of the bank with which the credit is available is the place for presentation. The place for presentation under a credit available with any bank is that of any bank. A place for presentation other than that of the issuing bank is in addition to the place of the issuing bank.

e. Except as provided in sub-article 29 (a), a presentation by or on behalf of the beneficiary must be made on or before the expiry date.

제6조 사용가능성, 유효기일 및 제시장소

a. 신용장은 그 신용장이 사용가능한 은행 또는 그 신용장이 모든 은행에서 사용가능한 지 여부를 명기하여야 한다. 지정은행에서 사용가능한 신용

장은 발행은행에서도 사용가능하다.

b. 신용장은 그것이 일람지급, 연지급, 인수 또는 매입 중 어느 유형으로 사용가능한지를 명시하여야 한다.

c. 신용장은 발행의뢰인을 지급인으로 발행된 환어음에 의하여 사용가능하도록 발행되어서는 아니 된다.

d. i. 신용장은 제시를 위한 유효기일을 명기하여야 한다. 인수・지급 또는 매입을 위하여 명기된 유효기일은 제시를 위한 유효기일로 본다.

ii. 신용장이 사용가능한 은행의 장소는 제시장소이다. 모든 은행에서 사용가능한 신용장의 제시장소는 모든 은행의 장소이다. 발행은행 이외의 제시장소는 발행은행의 장소에 추가한 것이다.

e. 제29조 a항에서 규정된 경우를 제외하고, 수익자에 의한 제시 또는 수익자를 대리하는 제시는 유효기일 또는 그 이전에 행하여져야 한다.

Article 7 Issuing Bank Undertaking

a. Provided that the stipulated documents are presented to the nominated bank or to the issuing bank and that they constitute a complying presentation, the issuing bank must honour if the credit is available by:

i. sight payment, deferred payment or acceptance with the issuing bank;

ii. sight payment with a nominate bank and that nominated bank does not pay;

iii. deferred payment with a nominated bank and that nominated bank does not incur its deferred payment undertaking or, having incurred its deferred payment undertaking, does not pay at maturity;

iv. acceptance with a nominated bank and that nominated bank does not accept a draft drawn on it or, having accepted a draft drawn on it, does not pay at maturity;

v. negotiation with a nominated bank and that nominated bank does not negotiate.

b. An issuing bank is irrevocably bound to honour as of the time it issues the credit.

c. An issuing bank undertaking to reimburse a nominated bank that has honoured or negotiated a complying presentation and forwarded the documents to the issuing bank. Reimbursement for the amount of a complying presentation under a credit available by acceptance or deferred payment is due at maturity, whether or not the nominated bank prepaid or purchased before maturity. An issuing bank's undertaking to reimburse a nominated bank is independent of the issuing bank's undertaking to the beneficiary.

제7조 발행은행의 확약

a. 명시된 서류가 지정은행 또는 발행은행에 제시되고, 그 서류가 일치하는 제시를 구성하는 한, 신용장이 다음 중 어느 것에 의하여 사용가능한 경우, 발행은행은 인수 · 지급하여야 한다:

i. 발행은행에서 일람지급, 연지급 또는 인수하는 경우;

ii. 지정은행에서 일람지급 및 그 지정은행이 지급하지 아니하는 경우;

iii. 지정은행에서 연지급 및 지정은행이 연지급확약을 부담하지 아니하는 경우 또는, 지정은행의 연지급확약을 부담하였지만 만기일에 지급하지 아니하는 경우;

iv. 지정은행에서 인수 및 그 지정은행이 자신을 지급인으로 하여 발행된 환어음을 인수하지 아니하는 경우 또는, 지정은행이 자신을 지급인으로 하여 발행 된 환어음을 인수하였지만 만기일에 지급하지 아니하는 경우;

v. 지정은행에서 매입 및 지정은행이 매입을 하지 아니하는 경우.

b. 발행은행은 신용장을 발행하는 시점부터 취소불능적으로 인수·지급 의무를 부담한다.

c. 발행은행은 일치하는 제시를 인수·지급 또는 매입한 지정은행 및 서류를 발행은행에 발송한 지정은행에게 상환할 것을 확약한다. 인수 또는 연지급 가능한 신용장에서 일치하는 제시금액에 대한 상환은 지정은행이 만기일 전에 선지급 또는 매입하였는지의 여부와 관계없이 만기일에 지급기일이 된다. 지정은행에 상환할 발행은행의 확약은 수익자에 대한 발행은행의 확약과 독립적이다.

Article 8 Confirming Bank Undertaking

a. Provided that the stipulated documents are presented to the confirming bank or to any other nominated bank and that they constitute a complying presentation, the confirming bank must:
   i. honour, if the credit is available by
      a. sight payment, deferred payment or acceptance with the confirming bank;
      b. sight payment with another nominated bank and that nominated bank and that nominated bank does not pay;
      c. deferred payment with another nominated bank and that nominated bank does not incur its deferred payment undertaking or, having incurred its deferred payment undertaking, does not pay at maturity;
      d. acceptance with another nominated bank and that nominated bank does not accept a draft drawn on it or, having accepted a draft drawn on it, does not pay at maturity;
      e. negotiation with another nominated bank and that nominated bank does not negotiate.
   ii. negotiate, without recourse, if the credit is available by negotiation with the confirming bank.

b. A confirming bank is irrevocably bound to honour or negotiate as of the time it adds its confirmation to the credit.

c. A confirming bank undertakes to reimburse another nominated bank that has honoured or negotiated a complying presentation and forwarded the documents to the confirming bank. Reimbursement for the amount of a complying presentation under a credit available by acceptance or deferred payment is due at maturity,
whether or not another nominated bank prepaid or purchased before maturity. A confirming bank's undertaking to reimburse another nominated bank is independent of the confirming bank's undertaking to the beneficiary.

d. If a bank is authorized or requested by the issuing bank to confirm a credit but is not prepared to do so, it must inform the issuing bank without delay and may advise the credit without confirmation.

제8조 확인은행의 확약

a. 명시된 서류가 확인은행 또는 모든 기타 지정은행에 제시되고, 그 서류가 일치하는 제시를 구성하는 한, 확인은행은:
  i. 신용장이 다음 중의 어느 것에 의하여 사용가능한 경우, 인수·지급하여야 한다:
    a. 확인은행에서 일람지급, 연지급 또는 인수하는 경우;
    b. 다른 지정은행에서 일람지급 및 그 지정은행이 지급하지 아니하는 경우;
    c. 다른 지정은행에서 연지급 및 지정은행이 연지급확약을 부담하지 아니하는 경우 또는, 지정은행의 연지급확약을 부담하였지만 만기일에 지급하지 아니하는 경우;
    d. 다른 지정은행에서 인수 및 그 지정은행이 자신을 지급인으로 하여 발행된 환어음을 인수하지 아니하는 경우 또는, 지정은행이 자신을 지급인으로 하여 발행 된 환어음을 인수하였지만 만기일에 지

급하지 아니하는 경우;

e. 다른 지정은행에서 매입 및 지정은행이 매입하지 아니하는 경우.

ii. 신용장이 확인은행에서 매입에 의하여 사용가능한 경우, 상환청구 없이, 매입하여야 한다.

b. 확인은행은 신용장에 자신의 확인을 추가하는 시점부터 취소불능적으로 인수·지급 또는 매입 의무를 부담한다.

c. 확인은행은 일치하는 제시를 인수·지급 또는 매입한 지정은행 및 서류를 확인은행에 발송한 다른 지정은행에게 상환할 것을 확약한다. 인수 또는 연지급 가능한 신용장에서 일치하는 제시금액에 대한 상환은 다른 지정은행이 만기일 전에 선지급 또는 매입하였는지의 여부와 관계없이 만기일에 지급기일이 된다. 다른 지정은행에 상환할 확인은행의 확약은 수익자에 대한 발행은행의 확약과 독립적이다.

d. 어떤 은행이 발행은행에 의하여 신용장을 확인하도록 수권 또는 요청받았으나 이를 행할 준비가 되어 있지 않을 경우, 그 은행은 지체 없이 발행은행에게 반드시 통고하여야 하며 그리고 확인 없이 신용장을 통지할 수 있다.

Article 9 Advising of Credits and Amendments

a. A credit and any amendment may be advised to a beneficiary through an advising bank. An advising bank that is not a confirming bank advises the credit and any amendment without any undertaking to honour or negotiate.

b. By advising the credit or amendment, the advising bank signifies that it has satisfied itself as to the apparent authenticity of the credit or amendment and that the advice accurately reflects the terms and conditions of the credit or amendment received.

c. An advising bank may utilize the services of another bank ("second advising bank") to advise the credit and any amendment to the beneficiary. By advising the credit or amendment, the second advising bank signifies that it has satisfied itself as to the apparent authenticity of the advice it has received and that the advice accurately reflects the terms and conditions of the credit or amendment received.

d. A bank utilizing the services of an advising bank or second advising bank to advise a credit must use the same bank to advise any amendment there to.

e. If a bank is requested to advise a credit or amendment but elects not to do so, it must so inform, without delay, the bank from which the credit, amendment or advice has been received.

f. If a bank is requested to advise a credit or amendment but cannot satisfy itself as to the apparent authenticity of the credit, the amendment or the advice, it must so inform, without delay, the bank from which the instructions appear to have been received. If the advising bank or second advising bank elects nonetheless to advise the credit or amendment, it must inform the beneficiary or second advising bank that it has not been able to satisfy itself as to the apparent authenticity of the credit, the amendment or the advice.

제9조 신용장 및 조건변경의 통지

a. 신용장 및 모든 조건변경은 통지은행을 통하여 수익자에게 통지될 수 있다. 확인은행이 아닌 통지은행은 인수 · 지급 또는 매입하기 위하여 아무런 확약 없이 신용장 및 모든 조건변경을 통지한다.

b. 신용장 또는 조건변경을 통지함으로써, 통지은행은 신용장 또는 조건변경의 외관상 진정성에 관하여 자체적으로 충족하였다는 것과 그 통지가 수령된 신용장 또는 조건변경의 조건을 정확하게 반영하고 있다는 것을 표명하는 것이다.

c. 통지은행은 수익자에게 신용장 및 모든 조건변경을 통지하기 위하여 다른 은행("제2통지은행")의 서비스를 이용할 수 있다. 신용장 또는 조건변경을 통지함으로써 제2통지은행은 자신이 수령한 그 통지의 외관상 진정성에 관하여 자체적으로 충족하였다는 것과 그 통지가 수령된 신용장 또는 조건변경의 조건을 정확하게 반영하고 있다는 것을 표명하는 것이다.

d. 신용장을 통지하기 위하여 통지은행 또는 제2통지은행의 서비스를 이용하는 은행은 이에 대한 모든 조건변경을 통지하기 위하여 동일한 은행을 이용하여야 한다.

e. 은행이 신용장 또는 조건변경 통지를 요구받았으나 그렇게 하지 아니하기로 결정한 경우, 은행은 신용장, 조건변경 또는 통지를 송부하여 온 은행에게 지체 없이 이를 통고하여야 한다.

f. 은행이 신용장 또는 조건변경 통지를 요구받았으나 신용장, 조건변경 또는 통지의 외관상 진정성에 관하여 자체적으로 충족할 수 없는 경우, 그 은행은 그 지시를 송부하여온 은행에게 이를 지체 없이 통고하여야 한다. 그럼에도 불구하고 통지은행 또는 제2통지은행이 그 신용장 또는 조건변경을 통지하기로 결정한 경우, 그 은행은 수익자 또는 제2통지은행에게 신용장, 조건변경 또는 통지의 외관상 진정성에 관하여 자체적으로 충족할 수 없다는 것을 통고하여야 한다.

Article 10 Amendment

a. Except as otherwise provided by article 38, a credit can neither be amended nor cancelled without the agreement of the issuing bank, the confirming bank, if any, and the beneficiary.

b. An issuing bank is irrevocably bound by an amendment as of the time it issues the amendment.
A confirming bank may extend its confirmation to an amendment and will be irrevocably bound as of the time it advises the amendment. A confirming bank may, however, choose to advise an amendment without extending its confirmation and, if so, it must inform the issuing bank without delay and inform the beneficiary in its advice.

c. The terms and conditions of the original credit (or a credit incorporating previously accepted amendments) will remain in force for the beneficiary until the beneficiary communicates its acceptance of the amendment to the bank that advised such amendment. The beneficiary should give notification of acceptance or rejection of an amendment. If the beneficiary fails to give such notification, a presentation that complies with the credit and to any not yet accepted amendment will be deemed to be notification of acceptance by the beneficiary of such amendment. As of that moment the credit will be amended.

d. A bank that advises an amendment should inform the bank from which it received the amendment of any notification of acceptance or rejection.

e. Partial acceptance of an amendment is not allowed and will be deemed to be notification of rejection of the amendment.

f. A provision in an amendment to the effect that the amendment shall enter into force unless rejected by the beneficiary within a certain time shall be disregarded.

제10조 조건변경

a. 제38조에 의하여 별도로 규정된 경우를 제외하고, 신용장은 발행은행, 확인은행(있는 경우) 및 수익자의 합의 없이는 변경 또는 취소될 수 없다.

b. 발행은행은 그 자신이 조건변경서를 발행하는 시점부터 그 조건변경서에 의하여 취소불능적인 의무를 부담한다. 확인은행은 그 자신의 확인을 조건변경에까지 부연할 수 있으며 그 변경을 통지한 시점부터 취소불능적인 의무를 부담한다. 그러나, 확인은행은 그 자신의 확인을 부연함이 없이 조건변경 통지를 선택할 수 있으며, 또한 이러한 경우에는 발행은행에게 지체 없이 통고하고 그 자신의 통지서로 수익자에게 통고하여야 한다.

c. 원신용장(또는 이미 승낙된 조건변경을 포함하고 있는 신용장)의 조건은 수익자가 조건변경에 대한 그 자신의 승낙을 그러한 조건변경을 통지해 온 은행에게 통보할 때까지는 수익자를 위하여 계속 효력을 갖는다. 수익자는 조건변경에 대하여 승낙 또는 거절의 통고를 행하여야 한다. 수익자가 그러한 통고를 행하지 아니한 경우, 신용장 및 아직 승낙되지 아니한 조건변경에 일치하는 제시는 수익자가 그러한 조건변경에 대하여 승낙의 통고를 행하는 것으로 본다. 그 순간부터 신용장은 조건변경 된다.

d. 조건변경을 통지하는 은행은 조건변경을 송부하여 온 은행에게 승낙 또는 거절의 모든 통고를 통지하여야 한다.

e. 조건변경의 부분승낙은 허용되지 아니하며 조건변경의 거절통고로 본다.

f. 조건변경이 특정기한 내에 수익자에 의하여 거절되지 아니하는 한 유효하게 된다는 취지의 조건변경서상의 규정은 무시된다.

Article 11 Teletransmitted and Pre-Advised Credits and Amendments

a. An authenticated teletransmission of a credit or amendment will be deemed to be the operative credit or amendment, and any subsequent mail confirmation shall be disregarded.
If a teletransmission states "full details to follow" (or words of similar effect), or states that the mail confirmation is to be the operative credit or amendment, then the teletransmission will not be deemed to be the operative credit or amendment.
The issuing bank must then issue the operative credit or amendment without delay in terms not inconsistent with the teletransmission.

b. A preliminary advice of the issuance of a credit or amendment ("pre-advice") shall only be sent if the issuing bank is prepared to issue the operative credit or amendment. An issuing bank that sends a pre-advice is irrevocably committed to issue the operative credit or amendment, without delay, in terms not inconsistent with the pre-advice.

제11조 전송과 예비통지신용장 및 조건변경

a. 신용장 또는 조건변경의 인증된 전송은 유효한 신용장 또는 조건변경으로 보며, 이후의 모든 우편확인서는 무시된다.
전송이 "상세한 사항은 추후 통지함"(또는 이와 유사한 효력을 가지는 문언)이라고 명시하고 있거나 또는 우편확인서를 유효한 신용장 또는 조건변경으로 한다는 것을 명시한 경우, 그 전송은 유효한 신용장 또는 조건변경으로 보지 아니한다. 발행은행은 그 때 전송과 모순되지 아니한 조건으로 지체 없이 유효한 신용장 또는 조건변경을 발행하여야 한다.

b. 신용장의 발행 또는 조건변경의 예비통지는 발행은행이 유효한 신용장 또는 조건변경을 발행할 준비가 되어 있는 경우에만 송부되어야 한다. 예

비통지를 송부하는 발행은행은 지체 없이 예비통지와 모순되지 아니한 조건으로 유효한 신용장 또는 조건변경을 발행할 것을 취소불능적으로 약속한다.

Article 12 Nomination

a. Unless a nominated bank is the confirming bank, an authorization to honour or negotiate does not impose any obligation on that nominated bank to honour or negotiate, except when expressly agreed to by that nominated bank and so communicated to the beneficiary.

b. By nominating a bank to accept a draft or incur a deferred payment undertaking, an issuing bank authorizes that nominated bank to prepay or purchase a draft accepted or a deferred payment undertaking incurred by that nominated bank.

c. Receipt or examination and forwarding of documents by a nominated bank that is not a confirming bank does not make that nominated bank liable to honour or negotiate, nor does it constitute honour or negotiation.

제12조 지정

a. 지정은행이 확인은행이 아닌 한, 인수·지급 또는 매입하기 위한 수권은 지정은행이 명시적으로 합의하고 이를 수익자에게 통보하는 경우를 제외하고, 지정은행에게 인수·지급 또는 매입에 관한 어떠한 의무도 부과되지 아니한다.

b. 환어음을 인수 또는 연지급확약 부담 은행을 지정함으로써, 발행은행은 지정은행이 인수한 환어음 또는 부담한 연지급확약을 선지급 또는 구매하기 위하여 그 지정은행에게 권한을 부여한다.

c. 확인은행이 아닌 지정은행이 서류의 수령 또는 심사 및 발송은 인수 · 지급 또는 매입할 의무를 그 지정은행에게 부담시키는 것은 아니며, 인수 · 지급 또는 매입을 구성하지 아니한다.

Article 13 Bank-to-Bank Reimbursement Arrangements

a. If a credit states that reimbursement is to be obtained by a nominated bank("claiming bank") claiming on another party ("reimbursing bank"), the credit must state if the reimbursement is subject to the ICC rules for bank-to-bank reimbursements in effect on the date of issuance of the credit.

b. If a credit does not state that reimbursement is subject to the ICC rules for bank-to-bank reimbursements, the following apply:
   i. An issuing bank must provide a reimbursing bank with a reimbursement authorization that conforms with the availability stated in the credit. The reimbursement authorization should not be subject to an expiry date.
   ii. A claiming bank shall not be required to supply a reimbursing bank with a certificate of compliance with the terms and conditions of the credit.
   iii. An issuing bank will be responsible for any loss of interest, together with any expenses incurred, if reimbursement is not provided on first demand by a reimbursing bank in accordance with the terms and conditions of the credit.
   iv. A reimbursing bank's charges are for the account of the issuing bank. However, if the charges are for the account of the beneficiary, it is the responsibility of an issuing bank to so indicate in the credit and in the reimbursement authorization. If a reimbursing bank's charges are for the account of the beneficiary, they shall be deducted from the amount due to a claiming bank
   when reimbursement is made. If no reimbursement is made, the reimbursing bank's charges remain the obligation of the issuing bank.

c. An issuing bank is not relieved of any of its obligations to provide reimbursement if reimbursement is not made by a reimbursing bank on first demand.

제13조 은행간 상환약정

a. 신용장이 지정은행("청구은행")이 다른 당사자("상환은행") 앞으로 상환청구 받는 것으로 명시하고 있는 경우, 그 신용장은 상환이 신용장의 발행일에 유효한 은행간 대금상환에 관한 국제상업회의소 규칙에 따르는지를 명시하여야 한다.

b. 신용장이 상환이 은행간 대금상환에 관한 국제상업회의소 규칙에 따른다고 명시하고 있지 아니한 경우, 다음의 것이 적용 된다:

i. 발행은행은 신용장에 명시된 사용가능성에 따르는 상환수권을 상환은행에 반드시 제공하여야 한다. 상환수권은 유효기일에 영향을 받지 아니하여야 한다.

ii. 청구은행은 상환은행에게 신용장의 조건과의 일치증명서를 제공하도록 요구되어서는 아니 된다.

iii. 상환이 최초의 청구시에 신용장의 조건에 따라 상환은행에 의하여 상환 받지 못한 경우, 발행은행은 발생된 모든 경비와 함께 이자손실의 책임을 부담하여야 한다.

iv. 상환은행의 수수료는 발행은행의 부담으로 한다. 그러나 그 수수료가 수익자의 부담으로 하고자 하는 경우, 발행은행은 이를 신용장 및 상환수권서 상에 표시할 책임이 있다.

상환은행의 수수료가 수익자의 부담으로 하는 경우, 그 수수료가 상환이 이루어질 때 청구은행에 주어야 할 금액으로부터 공제되어야 한다. 상환이 이루어지지 아니한 경우, 상환은행의 수수료는 발행은행의 의무로 남는다.

c. 발행은행은 상환이 최초의 청구시에 상환은행에 의하여 이루어지지 아니하는 경우 상환을 행하여야 할 자신의 의무로부터 면제되지 아니한다.

Article 14 Standard for Examination of Documents

a. A nominated bank acting on its nomination, a confirming bank, if any, and the issuing bank must examine a presentation to determine, on the basis of the documents alone, whether or not the documents appear on their face to constitute a complying presentation.

b. A nominated bank acting on its nomination, a confirming bank, if any, and the issuing bank shall each have a maximum of five banking days following the day of presentation to determine if a presentation is complying. This period is not curtailed or otherwise affected by the occurrence on or after the date of presentation of any expiry date or last day for presentation.

c. A presentation including one or more original transport documents subject to articles 19, 20, 21, 22, 23, 24 or 25 must be made by or on behalf of the beneficiary not later than 21 calendar days after the date of shipment as described in these rules, but in any event not later than the expiry date of the credit.

d. Data in a document, when read in context with the credit, the document itself and international standard banking practice, need not be identical to, but must not conflict with, date in that document, any other stipulated document or the credit.

e. In documents other than the commercial invoice, the description of the goods, services or performance, if stated, may be in general terms not conflicting with their description in the credit.

f. If a credit requires presentation of a document other than a transport document, insurance document or commercial invoice, without stipulating by whom the document is to be issued or its date content, banks will accept the document as presented if its content appears to fulfil the function of the required document and otherwise complies with sub-article 14 (d).

g. A document presented but not required by the credit will be disregarded and may be returned to the presenter.

h. If a credit contains a condition without stipulating the document to indicate compliance with the condition, banks will deem such condition as not stated and will disregard it.

i. A document may be dated prior to the issuance date of the credit, but must not be dated later than its date of presentation.

j. When the addresses of the beneficiary and the applicant appear in any stipulated document, they need not be the same as those stated in the credit or in any other stipulated, but must be within the same country as the respective addresses mentioned in the credit. Contact details (telefax, telephone, email and the like)stated as part of the beneficiary's and the applicant's address will be disregarded.
However, when the address and contact details of the applicant appear as part of the consignee or notify party details on a transport document subject to articles 19, 20, 21, 22, 23, 24, or 25, they must be as stated in the credit.

k. The shipper or consignor of the goods indicated on any document need not be the beneficiary of the credit.

l. A transport document may be issued by any party other than a carrier, owner, master or charterer provided that the transport document meets the requirements of articles 19, 20, 21, 22, 23, or 24 of these rules.

제14조 서류심사의 기준

a. 지정에 따라 행동하는 지정은행, 확인은행(있는 경우) 및 발행은행은 서류가 문면상 일치하는 제시를 구성하는지 여부를 결정하기 위하여 서류만을 기초로 하여 제시를 심사하여야 한다.

b. 지정에 따라 행동하는 지정은행, 확인은행(있는 경우) 및 발행은행은 제시가 일치하는지 여부를 결정하기 위하여 제시일의 다음날부터 최대 제5은행영업일을 각각 가진다. 이 기간은 제시를 위한 모든 유효기일 또는 최종일의 제시일 또는 그 이후의 발생에 의하여 단축되거나 또는 별도로 영향을 받지 아니한다.

c. 제19조, 제20조, 제21조, 제22조, 제23조, 제24조 또는 제25조에 따른 하나 또는 그 이상의 운송서류의 원본을 포함하는 제시는 이 규칙에 기술된 대로 선적일 이후 21일 보다 늦지 않게 수익자에 의하여 또는 수익자를 대리하여 행하여져야 한다. 그러나 어떠한 경우에도, 신용장의 유효기일보다 늦지 않아야 한다.

d. 신용장 문맥을 읽을 때, 서류의 데이터, 서류의 자체 및 국제표준은행관행은 서류의 데이터 또는 신용장과 동일성을 요하지 않지만 서류의 데이터, 모든 기타 규정된 서류 또는 신용장과 상충되어서는 아니 된다.

e. 상업송장 이외의 서류에서, 물품, 서비스 또는 이행의 명세는(명시된 경우) 신용장상의 명세와 상충되지 아니하는 일반용어로 기재될 수 있다.

f. 신용장이 서류가 누구에 의하여 발행된 것임을 또는 서류의 자료내용을 명시하지 않고, 운송서류, 보험서류 또는 상업송장 이외의 서류제시를 요구하는 경우, 은행은 그 서류의 내용이 요구된 서류의 기능을 충족하는

것으로 보이고 그 밖에 제14조 d항과 일치하는 경우, 제시된 대로 서류를 수리한다.

g. 신용장에 의하여 요구되지는 아니하였으나 제시된 서류는 무시되며 제시인에게 반송될 수 있다.

h. 신용장이 조건과의 일치성을 표시하기 위하여 서류를 명기하지 아니하고 조건만을 포함하고 있는 경우, 은행은 그러한 조건을 명시되지 아니한 것으로 보고 이를 무시 한다.

I. 서류는 신용장의 발행일자보다 이전의 일자가 기재될 수 있으나, 그 서류의 제시일보다 늦은 일자가 기재되어서는 아니 된다.

j. 수익자 및 발행의뢰인의 주소가 모든 명기된 서류상에 보이는 경우 이들 주소는, 신용장 또는 명기된 모든 기타 서류에 명시된 것과 동일할 필요는 없으나, 신용장에 언급된 각각의 주소와 동일한 국가 내에 있어야 한다. 수익자 및 발행의뢰인의 주소의 일부로서 명기된 연락처명세(모사전송, 전화, 전자우편 등)는 무시된다. 그러나, 발행의뢰인의 주소 및 연락처 명세가 제19조, 제20조, 제21조, 제22조, 제23조, 제24조 또는 제25조에 따라 운송서류상의 수화인 또는 착화통지처 명세의 일부로서 보이는 경우, 이러한 주소 및 연락처명세는 신용장에 명시된 것과 같아야 한다.

k. 모든 서류상에 표시된 물품의 송화인 또는 탁송인은 신용장의 수익자일 필요는 없다.

l. 운송서류가 본 규칙의 제19조, 제20조, 제21조, 제22조, 제23조 또는 제24조의 요건에 충족되는 경우, 운송서류는 운송인, 선주, 선장 또는 용선자 이외의 모든 당사자에 의하여 발행될 수 있다.

Article 15 Complying Presentation

a. When an issuing bank determines that a presentation is complying, it must honour.

b. When a confirming bank determines that a presentation is complying, it must honour or negotiate and forward the documents to the issuing bank.

c. When a nominated bank determines that a presentation is complying and honours or negotiates, it must forward the documents to the confirming bank or issuing bank.

제15조 일치하는 제시

a. 발행은행이 제시가 일치한다고 결정하는 경우, 발행은행은 인수・지급하여야 한다.

b. 확인은행이 제시가 일치한다고 결정하는 경우, 확인은행은 인수・지급 또는 매입하고 발행은행에게 서류를 발송하여야 한다.

c. 지정은행이 제시가 일치한다고 결정하고 인수・지급 또는 매입하는 경우, 지정은행은 확인은행 또는 발행은행에게 서류를 발송하여야 한다.

Article 16 Discrepant Documents, Waiver and Notice

a. When a nominated bank acting on its nomination, a confirming bank, if any, or the issuing bank determines that a presentation does not comply, it may refuse to honour or negotiate.

b. When an issuing bank determines that a presentation does not comply, it may in its sole judgement approach the applicant for a waiver of the discrepancies. This does not, however, extend the period mentioned in sub-article 14 (b).

c. When a nominated bank acting on its nomination, a confirming bank, if any, or the issuing bank decides to refuse to honour or negotiate, it must give a single notice to the effect to the presenter.

The notice must state:

ⅰ. that the bank is refusing to honour or negotiate; and

ⅱ. each discrepancy in respect of which the bank refuses to honour or negotiate; and

ⅲ. a) that the bank is holding the documents pending further instructions from the presenter; or

b) that the issuing bank is holding the documents until it receives a waiver from the applicant and agrees to accept it, or receives further instructions from the presenter prior to agreeing to accept a waiver; or

c) that the bank is returning the documents; or

d) that the bank is acting in accordance with instructions previously received from the presenter.

d. The notice required in sub-article 16 (c) must be given by telecommunication or, if that is not possible, by other expeditious means no later than the close of the fifth banking day following the day of presentation.

e. A nominated bank acting on its nomination, a confirming bank, if any, or the issuing bank may, after providing notice required by sub-article 16 (c) (iii) (a) or (b), return the documents to the presenter at any time.

f. If an issuing bank or a confirming bank fails to act in accordance with the provisions of this article, it shall be precluded from claiming that the documents do not constitute a complying presentation.

g. When an issuing bank refuses to honour or a confirming bank refuses to honour or negotiate and has given notice to that effect in accordance with this article, it shall then be entitled to claim a refund, with interest, of any reimbursement made.

제16조 불일치서류, 권리포기 및 통지

a. 지정에 따라 행동하는 지정은행, 확인은행(있는 경우) 또는 발행은행은 제시가 일치하지 아니한 것으로 결정하는 경우, 인수·지급 또는 매입을 거절할 수 있다.

b. 발행은행은 제시가 일치하지 아니한 것으로 결정하는 경우, 발행은행은 독자적인 판단으로 발행의뢰인과 불일치에 관한 권리포기의 여부를 교섭할 수 있다. 그러나 이로 인하여 제14조 b항에서 언급된 기간이 연장되지 아니한다.

c. 지정에 따라 행동하는 지정은행, 확인은행(있는 경우) 또는 발행은행은 인수·지급 또는 매입을 거절하기로 결정한 경우, 제시인에게 그러한 취지를 단순통지 하여야 한다.

그 통지는 다음 내용을 명시하여야 한다:

i. 은행이 인수·지급 또는 매입을 거절하고 있는 중; 및

ii. 은행이 인수·지급 또는 매입을 거절한다는 것에 관한 각각의 불일치사항; 및

iii. a) 은행이 제시인으로부터 추가지시를 받을 때까지 서류를 보관하고 있다는 것; 또는

b) 발행은행이 발행의뢰인으로부터 권리포기를 수령 및 권리포기를 승낙하는 동의 및 또는 권리포기 승낙을 동의하기 이전 제시인으로부터 추가지시를 수령할 때까지 서류를 보관하고 있다는 것; 또는

c) 은행이 서류를 반송 중이라는 것; 또는
d) 은행이 제시인으로부터 이전에 수령한 지시에 따라 행동하고 있는 중이라는 것.

d. 제16조 c항에서 요구되는 통지는 전기통신으로 또는 그 이용이 불가능한 경우 기타 신속한 수단으로 제시일의 다음날로부터 제5은행영업일의 마감시간을 경과하지 아니하는 범위 내에서 반드시 행하여져야 한다.

e. 지정에 따라 행동하는 지정은행, 확인은행(있는 경우) 또는 발행은행은, 제16조 c항 iii호(a) 또는 (b)에 의하여 요구된 통지를 행한 후에, 언제라도 제시인에게 서류를 반송할 수 있다.

f. 발행은행 또는 확인은행은 본 조항의 규정에 따라 행동하지 아니한 경우, 은행은 서류가 일치하는 제시가 이루어지지 아니하였다는 클레임을 제기할 수 없다.

g. 발행은행이 인수·지급을 거절한 경우 또는 확인은행이 인수·지급 또는 매입을 거절한 경우 및 은행이 본 조항에 일치하는 취지의 통지를 행하였을 경우, 은행은 이미 지급한 모든 상환금에 이자를 포함하여 반환 청구할 권리를 갖는다.

Article 17 Original Documents and Copies

a. At least one original of each document stipulated in the credit must be presented.

b. A bank shall treat as an original any document bearing an apparently original signature, mark, stamp, or label of the issuer of the document, unless the document itself indicates that it is not an original.

c. Unless a document indicates otherwise, a bank will also accept a document as original if it:

 i. appears to be written, typed, perforated or stamped by the document issuer's hand; or

 ii. appears to be on the document issuer's original stationery; or

 iii. states that it is original, unless the statement appears not to apply to the document presented.

d. If a credit requires presentation of copies of documents, presentation of either originals or copies is permitted.

e. If a credit requires presentation of multiple documents by using terms such as "in duplicate", "in two fold" or "in two copies", this will be satisfied by the presentation of at least one original and the remaining number in copies, except when the document itself indicates otherwise.

제17조 원본서류 및 사본

a. 적어도 신용장에 명기된 각 서류의 1통의 원본은 반드시 제시되어야 한다.

b. 은행은 서류 그 자체가 원본이 아니라고 표시하고 있지 아니하는 한, 명백히 서류발행인의 원본서명, 표기, 스탬프, 또는 부전을 기재하고 있는 서류를 원본으로서 취급한다.

c. 서류가 별도로 표시하지 아니하는 한, 서류가 다음과 같은 경우, 은행은 서류를 원본으로서 수리 한다:

 i. 서류발행인에 의하여 수기, 타자, 천공 또는 스탬프된 것으로 보이는 것; 또는

 ii. 서류발행인의 원본용지 상에 기재된 것으로 보이는 것; 또는

iii. 제시된 서류에 적용되지 아니하는 것으로 보이지 아니하는 한, 원본이라는 명시가 있는 것.

d. 신용장이 서류의 사본의 제시를 요구하는 경우, 원본 또는 사본의 제시는 허용된다.

e. 신용장이 "2통(in duplicate)", "2부(in two fold)" 또는 "2통(in two copies)"과 같은 용어를 사용함으로써 수통의 서류제시를 요구하는 경우, 이것은 서류자체에 별도의 표시가 있는 경우를 제외하고, 적어도 원본 1통 및 사본으로 된 나머지 통수의 제시에 의하여 충족 된다.

Article 18 Commercial Invoice

a. A commercial invoice:

i. must appear to have been issued by the beneficiary (except as provided in article 38);

ii. must be made out in the name of the applicant (except as provided in sub-article 38 (g));

iii. must be made out in the same currency as the credit; and

iv. need not be signed.

b. A nominated bank acting on its nomination, a confirming bank, if any, or the issuing bank may accept a commercial invoice issued for an amount in excess or the amount permitted by the credit, and its decision will be binding upon all parties, provided the bank in question has not honoured or negotiated for an amount in excess of that permitted by the credit.

c. The description of the goods, service or performance in a commercial invoice must correspond with that appearing in the credit.

제18조 상업송장

a. 상업송장은:

i. 수익자에 의하여 발행된 것으로 보여야 하며(제38조에 규정된 경우는 제외함);

ii. 발행의뢰인 앞으로 작성되어야 하며(제38조 g항에 규정된 경우는 제외함);

iii. 신용장과 동일한 통화로 작성되어야 하며; 그리고

iv. 서명을 필요로 하지 아니한다.

b. 지정에 따라 행동하는 지정은행, 확인은행(있는 경우) 또는 발행은행은 신용장에 의하여
허용된 금액을 초과한 금액으로 발행된 상업송장을 수리할 수 있으며, 문제의 은행이 신용장에 의하여 허용된 금액을 초과한 금액으로 인수 · 지급 또는 매입하지 아니하는 조건으로 그 은행의 결정은 모든 당사자를 구속한다.

c. 상업송장상의 물품, 서비스 또는 이행의 명세는 신용장에 보이는 것과 일치하여야 한다.

Article 19 Transport Document Covering at Least Two Different Modes of Transport

a. A transport document covering at least two different modes of transport (multimodal or combined transport document), however named, must appear to:

i. indicate the name of the carrier and be signed by:

· the carrier or a named agent for or on behalf of the carrier, or

· the master or a named agent for or on behalf of the master.

Any signature by the carrier, master or agent must be identified as that of the carrier, master or agent.

Any signature by an agent must indicate whether the agent has signed for or on behalf of the carrier or for or on behalf of the master.

ii. indicate that the goods have been dispatched, taken in charge or shipped on board at the place stated in the credit, by:

· pre-printed wording, or

· a stamp or notation indicating the date on which the goods have been dispatched, taken in charge or shipped on board.

The date of issuance of the transport document will be deemed to be the date of dispatch, taking in charge or shipped on board, and the date of shipment.

However, if the transport document indicates, by stamp or notation, a date of dispatch, taking in charge of shipped on board, this date will be deemed to be the date of shipment.

iii. indicate the place of dispatch, taking in charge or shipment and the place of final destination stated in the credit, even if:

a. the transport document states, in addition, a different place of dispatch, taking in charge or shipment or place of final destination, or

b. the transport document contains the indication "intended" or similar qualification in relation to the vessel, port of loading or port of discharge.

iv. be the sole original transport document or, if issued in more than one original, be the full set as indicated on the transport document.

v. contain terms and conditions of carriage or make reference to another source containing the terms and conditions of carriage (short form or blank back transport document). Contents of terms and conditions of carriage will not be examined.

vi. contain no indication that it is subject to a charter party.

b. For the purpose of this article, transhipment means unloading from one means of conveyance and reloading to another means of conveyance (whether or not in different modes of transport) during the carriage from the place of dispatch, taking in charge or shipment to the place of final destination stated in the credit.

c. i. A transport document may indicate that the goods will or may be transhipped provided that the entire carriage is covered by one and the same transport document.

ii. A transport document indicating that transhipment will or may take place is acceptable, even if the credit prohibits transhipment.

제19조 적어도 두 가지 다른 운송방식을 표시하는 운송서류

a. 적어도 두 가지의 다른 운송방식을 표시하는 운송서류(복합운송서류)는 그 명칭에 관계 없이 다음과 같이 보여야 한다:

i. 운송인의 명칭을 표시하고 다음의 자에 의하여 서명된 것:

· 운송인 또는 운송인을 위한 또는 운송인을 대리하는 지정대리인, 또는

· 선장 또는 선장을 위한 또는 선장을 대리하는 지정대리인.

운송인, 선장 또는 대리인의 모든 서명은 운송인, 선장 또는 대리인의 서명으로 확인되어야 한다.

대리인의 모든 서명은 대리인이 운송인을 위하여 또는 운송인을 대리하여 또는 선장을 위하여 또는 선장을 대리하여 서명한 것인지를 표시하여야 한다.

ii. 다음에 의하여 물품이 신용장에 명시된 장소에서 발송, 수탁 또는 본선선적 되었음을 표시하고 있는 것:

· 미리 인쇄된 문언, 또는

· 물품이 발송, 수탁 또는 본선선적된 일자를 표시하는 스탬프 또는 부기.

운송서류의 발행일은 발송일, 수탁일 또는 본선선적일 및 선적일로 본다. 그러나, 운송서류가 스탬프 또는 부기에 의하여 발송일, 수탁일 또는 본선선적일을 표시하는 경우, 이 일자를 선적일로 본다.

iii. 비록 다음의 경우라 할지라도, 신용장에 명시된 발송지, 수탁지 또는 선적지 및 최종목적지를 표시하고 있는 것:

a. 운송서류가 추가적으로 다른 발송지, 수탁지 또는 선적지 또는 최종목적지를 명시하는 경우, 또는

b. 운송서류가 선박, 적재항 또는 양륙항과 관련하여 "예정된" 또는 이와 유사한 제한의 표시를 포함하는 경우.

iv. 단일의 운송서류 원본 또는 2통 이상의 원본으로 발행된 경우에는, 운송서류상에 표시된 대로 전통인 것.

v. 운송조건을 포함하거나 또는 운송조건을 포함하는 다른 자료를 참조하고 있는 것(약식/배면백지식 운송서류). 운송의 조건의 내용은 심사되지 아니한다.

vi. 용선계약에 따른다는 어떠한 표시도 포함하지 아니한 것.

b. 본 조를 위하여, 환적이라 함은 신용장에 명시된 발송지, 수탁지 또는 선적지로부터 최종목적지까지의 운송과정 중에 한 운송수단으로부터 양화 및 다른 운송수단으로 재적재하는 것을 말한다.

c. i. 운송서류는 전운송이 하나의 동일한 운송서류에 의하여 커버된다면 물품이 환적될 것이라거나 또는 환적될 수 있다고 표시할 수 있다.

ii. 신용장이 환적을 금지하고 있는 경우에도, 환적이 행하여 질 것이라거나 또는 행하여 질 수 있다고 표시하는 운송서류는 수리될 수 있다.

Article 20 Bill of Lading

a. A bill of lading, however named, must appear to:

i. indicate the name of the carrier and be signed by:

· the carrier or a named agent for or on behalf of the carrier, or

· the master or a named agent for or on behalf of the master.

Any signature by the carrier, master or agent must be identified as that of the carrier, master or agent.

Any signature by the agent must indicate whether the agent has signed for or on behalf of the carrier or for or on behalf of the master.

ii. indicate that the goods have been shipped on board a named vessel at the port of loading sated in the credit by:

· pre-printed wording, or

· an on board notation indicating the date on which the goods have been shipped on board.

The date of issuance of the bill of lading will be deemed to be the date of shipment unless the bill of lading contains an on board notation indicating the date of shipment, in which case the date stated in the on board notation will be deemed to be the date of shipment.

If the bill of lading contains the indication "intended vessel" or similar qualification in relation to the name of the vessel, an on board notation indicating the date of shipment and the name of the actual vessel is required.

iii. indicate shipment from port of loading to the port of discharge stated in the credit.

If the bill of lading does not indicate the port of loading stated in the credit as the port of loading, or if it contains the indication "intended" or similar qualification in relation to the port of loading, an on board notation indicating the port of loading as stated in the credit, the date of shipment and the name of the vessel is required. This provision applies even when loading on board or shipment

on a named vessel is indicated by pre-printed wording on the bill of lading.

iv. be the sole original bill of lading or, if issued in more than one original, be the full set as indicated on the bill of lading.

v. contain terms and conditions of carriage or make reference to another source containing the terms and conditions of carriage (short form or blank bill of lading). Contents of terms and conditions of carriage will not be examined.

vi. contain no indication that it is subject to a charter party.

b. For the purpose of this article, transhipment means unloading from one vessel and reloading to another vessel during the carriage from the port of loading to the port of discharge stated in the credit.

c. i. A bill of lading may indicate that the goods will or may be transhipped provided that the entire carriage is covered by one and the same bill of lading.
 ii. A bill of lading indicating that transhipment will or may take place is acceptable, even if the credit prohibits transhipment, if the goods have been shipped in a container, trailer or LASH barge as evidenced by the bill of lading.

d. Clauses in a bill of lading stating that the carrier reserves the right to tranship will be disregarded.

제20조 선화증권

a. 선화증권은 그 명칭에 관계없이 다음과 같이 보여야 한다:
 i. 운송인의 명칭을 표시하고 다음의 자에 의하여 서명된 것:
 ·운송인 또는 운송인을 위한 또는 운송인을 대리하는 지정대리인, 또는
 ·선장 또는 선장을 위한 또는 선장을 대리하는 지정대리인.
 운송인, 선장 또는 대리인의 모든 서명은 운송인, 선장 또는 대리인의 서명으로 확인되어야 한다.
 대리인의 모든 서명은 대리인이 운송인을 위하여 또는 운송인을 대리하여 또는 선장을 위하여 또는 선장을 대리하여 서명한 것인지를 표시하여야 한다.
 ii. 다음에 의하여 물품이 신용장에 명시된 적재항에서 지정선박에 본선선적 되었음을 표시하고 있는 것:
 ·미리 인쇄된 문언, 또는

· 물품이 본선선적 된 일자를 표시하는 본선선적 표기.

선화증권의 발행일은 선화증권이 선적일을 표시하는 본선선적표기를 포함하지 아니하는 경우 선적일로 본다. 이 경우, 본선선적표기상에 명시된 일자는 선적일로 본다.

선화증권이 선박명과 관련하여 "예정된 선박" 또는 이와 유사한 제한의 표시를 포함하고 있는 경우, 선적일 및 실제 선박명을 표시하고 있는 본선선적표기가 요구된다.

iii. 신용장에 명시된 적재항으로부터 양륙항까지의 선적을 표시하고 있는 것.

선화증권이 적재항으로서 신용장에 명시된 적재항을 표시하지 아니한 경우, 또는 적재항과 관련하여 "예정된" 또는 이와 유사한 제한의 표시를 포함하는 경우에는, 신용장에 명시된 대로 적재항, 선적일 및 선박명을 표시하는 본선선적표기가 요구된다. 이 규정은 비록 지정된 선박에의 본선선적 또는 선적이 선화증권상에 미리 인쇄된 문언에 의하여 표시된 경우일지라도 적용된다.

iv. 단일의 선화증권 원본 또는, 2통 이상의 원본으로 발행된 경우에는, 선화증권상에 표시된 대로 전통인 것.

v. 운송조건을 포함하거나 또는 운송조건을 포함하는 다른 자료를 참조하고 있는 것(약식/배면백지식 선화증권). 운송의 조건의 내용은 심사되지 아니한다.

vi. 용선계약에 따른다는 어떠한 표시도 포함하지 아니한 것.

b. 본 조를 위하여, 환적이라 함은 신용장에 명시된 적재항으로부터 양륙항까지의 운송과정 중에 한 선박으로부터 양화 및 다른 선박으로 재적재하는 것을 말한다.

c. i. 선화증권은 전운송이 하나의 동일한 선화증권에 의하여 커버된다면

물품이 환적될 것이라거나 또는 환적될 수 있다고 표시할 수 있다.

ii. 신용장이 환적을 금지하는 경우에도, 물품이 컨테이너, 트레일러 또는 래쉬 바지에 선적되었다는 것이 선화증권에 의하여 증명된 경우, 환적이 행하여질 것이라거나 또는 행하여 질 수 있다고 표시하는 선화증권은 수리될 수 있다.

d. 운송인이 환적할 권리를 유보한다고 명시하고 있는 선화증권의 조항은 무시된다.

Article 21 Non-Negotiable Sea Waybill

a. A non-negotiable sea waybill, however named, must appear to:

i. indicate the name of the carrier and be signed by:

· the carrier or a named agent for or on behalf of the carrier, or

· the master or a named agent for or on behalf of the master.

Any signature by the carrier, master or agent must be identified as that of the carrier, master of agent.

Any signature by an agent must indicate whether the agent has signed for or on behalf of the carrier or for or on behalf of the master.

ii. indicate that the goods have been shipped on board a named vessel at the port of loading stated in the credit by:

· pre-printed wording, or

· an on board notation indicating the date on which the goods have been shipped on board.

The date of issuance of the non-negotiable sea waybill will be deemed to be the date of shipment unless the non-negotiable sea waybill an on board notation indicating the date of shipment, in which case the date stated in the on board notation will be deemed to be the date of shipment.

If the non-negotiable sea waybill contains the indication "intended vessel" or similar qualification in relation to the name of the vessel, an on board notation indicating the date of shipment and the name of the actual vessel is required.

iii. indicate shipment from the port of loading to the port of discharge stated in the credit.

If the non-negotiable sea waybill does not indicate the port of loading stated in the credit as the port of loading, or if it contains the indication "intended" or similar qualification in relation to the port of loading, an on board notation indicating the port of loading as stated in the credit, the date of shipment and the name of the vessel is required. This provision applies even when loading on board

or shipment on a named vessel is indicated by pre-printed wording on the non-negotiable sea waybill.

iv. be the sole original non-negotiable sea waybill or, if issued in more than one original, be the full set as indicated on the non-negotiable sea waybill.

v. contain terms and conditions of carriage or make reference to another source containing the terms and conditions of carriage (short form or blank back non-negotiable sea waybill). Contents of terms and conditions of carriage will not be examined.

vi. contain no indication that it is subject to a charter party.

b. For the purpose of this article, transhipment means unloading from one vessel and reloading to another vessel during the carriage from the port of loading to the port of discharge stated in the credit.

c. i. A non-negotiable sea waybill may indicate that the goods will or may be transhipped provided that the entire carriage is covered by one and the same non-negotiable sea waybill.

ii. A non-negotiable sea waybill indicating that transhipment will or may take place is acceptable, even if the credit prohibits transhipment, if the goods have been shipped in a container, trailer or LASH barge as evidenced by the non-negotiable sea waybill.

d. Clauses in a non-negotiable sea waybill stating that the carrier reserves the right to tranship will be disregarded.

제21조 비유통 해상화물운송장

a. 비유통 해상화물운송장은 그 명칭에 관계없이 다음과 같이 보여야 한다:

i. 운송인의 명칭을 표시하고 다음의 자에 의하여 서명된 것:

· 운송인 또는 운송인을 위한 또는 운송인을 대리하는 지정대리인, 또는

· 선장 또는 선장을 위한 또는 선장을 대리하는 지정대리인.

운송인, 선장 또는 대리인의 모든 서명은 운송인, 선장 또는 대리인의 서명으로 확인되어야 한다.

대리인의 모든 서명은 대리인이 운송인을 위하여 또는 운송인을 대리하여 또는 선장을 위하여 또는 선장을 대리하여 서명한 것인지를 표시하여야 한다.

ii. 다음에 의하여, 물품이 신용장에 명시된 적재항에서 지정선박에 본선선적 되었음을 표시하고 있는 것:

· 미리 인쇄된 문언, 또는

· 물품이 본선선적 된 일자를 표시하는 본선선적표기

비유통 해상화물운송장의 발행일은 선적일로 본다. 비유통성 해상화물운송장이 선적일을 표시하는 본선선적표기를 포함하지 아니하는 경우 선적일로 본다. 이 경우, 본선선적표기상에 명시된 일자는 선적일로 본다.

비유통 해상화물운송장이 선박명과 관련하여 "예정된 선박" 또는 이와 유사한 제한의 표시를 포함하고 있는 경우, 선적일 및 실제 선박명을 표시하고 있는 본선선적표기가 요구된다.

iii. 신용장에 명시된 적재항으로부터 양륙항까지의 선적을 표시하고 있는 것.

비유통 해상화물운송장이 적재항으로서 신용장에 명시된 적재항을 표시하지 아니한 경우, 또는 적재항과 관련하여 "예정된" 또는 이와 유사한 제한의 표시를 포함하는 경우에는, 신용장에 명시된 대로 적재항, 선적일 및 선박명을 표시하는 본선선적표기가 요구된다. 이 규정은 비록 지정된 선박에의 본선선적 또는 선적이 비유통 해상화물운송장에 미리 인쇄된 문언에 의하여 표시된 경우일지라도 적용된다.

iv. 단일의 비유통 해상화물운송장 원본 또는, 2통 이상의 원본으로 발행된 경우에는, 비유통 해상화물운송장상에 표시된 대로 전통인 것.

v. 운송조건을 포함하거나 또는 운송조건을 포함하는 다른 자료를 참조하고 있는 것(약식/배면백지식 비유통 해상화물운송장). 운송의 조건의 내용은 심사되지 아니한다.

vi. 용선계약에 따른다는 어떠한 표시도 포함하지 아니한 것.

b. 본 조를 위하여, 환적이라 함은 신용장에 명시된 적재항으로부터 양륙항까지의 운송과정 중에 한 선박으로부터 양화 및 다른 선박으로 재적재하는 것을 말한다.

c. i. 비유통 해상화물운송장은 전운송이 하나의 동일한 비유통 해상화물운송장에 의하여 커버된다면 물품이 환적될 것이라거나 또는 환적될 수 있다고 표시할 수 있다.

ii. 신용장이 환적을 금지하는 경우에도, 물품이 컨테이너, 트레일러 또는 래쉬 바지에 선적되었다는 것이 비유통 해상화물운송장에 의하여 증명된 경우, 환적이 행하여질 것이라거나 또는 행하여 질 수 있다고 표시하는 비유통 해상화물운송장은 수리될 수 있다.

d. 운송인이 환적할 권리를 유보한다고 명시하고 있는 비유통 해상화물운송장의 조항은 무시된다.

Article 22 Charter Party Bill of Lading

a. A bill of lading, however named, containing an indication that it is subject to a charter party (charter party bill of lading), must appear to:

i. be signed by:

· the master or a named agent for or on behalf of the master, or

· the owner or a named agent for or on behalf of the owner, or

· the charterer or a named agent for or on behalf of the charterer.

Any signature by the master, owner, charter or agent must be identified as that of the master, owner, charterer or agent.

Any signature by an agent must indicate whether the agent has signed for or on behalf of the master, owner or charterer.

An agent signing for or on behalf of the owner or charterer must indicate the name of the owner or charterer.

. indicate that the goods have been shipped on board a named vessel at the
ii port
of loading stated in the credit by:

· pre-printed wording, or

· an on board notation indicating the date on which the goods have been shipped on board.

The date of issuance of the charter party bill of lading will be deemed to be the date of shipment unless the charter party bill of lading contains an on board notation indicating the date of shipment, in which case the date stated in the on board notation will be deemed to be the date of shipment.

iii. indicate shipment from the port of loading to the port of discharge stated in the credit. The port of discharge may also be shown as a range of ports or a geographical area, as stated in the credit.

iv. be the sole original charter party bill of lading or, if issued in more than one
original, be the full set as indicated on the charter party bill of lading.

b. A bank will not examine charter party contracts, even if they are required to be presented by the terms of the credit.

제22조 용선계약 선화증권

a. 용선계약에 따른다는 표시를 포함하고 있는 선화증권(용선계약선화증권)은 그 명칭에 관계 없이 다음과 같이 보여야 한다:

i. 다음의 자에 의하여 서명된 것:

·선장 또는 선장을 위한 또는 선장을 대리하는 지정대리인, 또는

·선주 또는 선주를 위한 또는 선주를 대리하는 지정대리인, 또는

·용선자 또는 용선자를 위한 또는 용선자를 대리하는 지정대리인.

선장, 선주, 용선자 또는 대리인의 모든 서명은 선장, 선주, 용선자 또는 대리인의 서명으로 확인되어야 한다.

대리인의 모든 서명은 대리인이 선장, 선주 또는 용선자를 위하여 또는 대리하여 서명한 것인지를 표시하여야 한다.

선주 또는 용선자를 위한 또는 대리하여 서명하는 대리인은 선주 또는 용선자의 명칭을 표시하여야 한다.

ii. 다음에 의하여, 물품이 신용장에 명시된 적재항에서 지정선박에 본선선적 되었음을 표시하고 있는 것:

·미리 인쇄된 문언, 또는

·물품이 본선선적 된 일자를 표시하는 본선선적표기

용선계약선화증권의 발행일은 선적일로 본다. 용선계약선화증권이 선적일을 표시하는 본선선적표기를 포함하지 아니하는 경우 선적일로 본다. 이 경우, 본선선적표기상에 명시된 일자는 선적일로 본다.

iii. 신용장에 명시된 적재항으로부터 양륙항까지 선적을 표시하고 있는 것. 양륙항은 신용장에 명시된 대로 항구의 구역 또는 지리적 지역으로도 표시될 수 있다.

iv. 단일의 용선계약선화증권 원본 또는, 2통 이상의 원본으로 발행된 경우에는, 용선계약선화증권상에 표시된 대로 전통인 것.

b. 은행은 비록 신용장의 조건이 용선계약서 제시를 요구하더라도 용선계약서를 심사하지 아니한다.

Article 23 Air Transport Document

a. An air transport document, however named, must appear to:

i. indicate the name of the carrier and be signed by:

· the carrier, or

· a named agent for or on behalf of the carrier.

Any signature by the carrier or agent must be identified as that of the carrier or agent.

Any signature by an agent must indicate that the agent has signed for or on behalf of the carrier.

ii. indicate that the goods have been accepted for carriage.

iii. indicate the date of issuance.

This date will be deemed to be the date of shipment unless the air transport document contains a specific notation of the actual date of shipment, in which case the date stated in the notation will be deemed to be the date of shipment.

Any other information appearing on the air transport document relative to the flight number and date will not be considered in determining the date of shipment.

iv. indicate the airport of departure and the airport of destination stated in the credit.

v. be the original for consignor or shipper, even if the credit stipulates a full set of originals.

vi. contain terms and conditions of carriage or make reference to another source containing the terms and conditions of carriage. Contents of terms and conditions of carriage will not be examined.

b. For the purpose of this article, transhipment means unloading from one aircraft and reloading to another aircraft during the carriage from the airport of departure to the airport of destination stated in the credit.

c. i. An air transport document may indicate that the goods will or may be transhipped, provided that the entire carriage is covered by one and the same air transport document.

ii. An air transport document indicating that transhipment will or may take place is acceptable, even if the credit prohibits transhipment.

제23조 항공운송서류

a. 항공운송서류는 그 명칭에 관계없이 다음과 같이 보여야 한다:

i. 운송인의 명칭을 표시하고 다음의 자에 의하여 서명된 것:

·운송인, 또는

·운송인을 위한 또는 운송인을 대리하는 지정대리인.

운송인 또는 대리인의 모든 서명은 운송인 또는 대리인의 서명으로 확인되어야 한다.

대리인의 모든 서명은 대리인이 운송인을 위하여 또는 운송인을 대리하여 서명한 것인지를 표시하여야 한다.

ii. 물품이 운송을 위하여 인수되었음을 표시하고 있는 것.

iii. 발행일을 표시하고 있는 것. 이 일자는 항공운송서류가 실제 선적일에 관한 특정표기를 포함하지 아니한 경우 표기에 명시된 일자는 선적일로 본다.

운항번호와 일자와 관련하여 항공운송서류상에 보이는 모든 기타 정보는 선적일을 결정하는데 고려되지 아니한다.

iv. 신용장에 명시된 출발공항과 목적공항을 표시하고 있는 것.

v. 비록 신용장이 원본 전통을 규정하고 있는 경우라도, 탁송인 또는 송화인용 원본인 것.

vi. 운송조건을 포함하거나 또는 운송조건을 포함하는 다른 자료를 참조하고 있는 것. 운송 조건의 내용은 심사되지 아니한다.

b. 본 조를 위하여, 환적이라 함은 신용장에 명시된 출발공항으로부터 목적공항까지의 운송과정 중에 한 항공기로부터 양화 및 다른 항공기로 재적재하는 것을 말한다.

c. ⅰ. 항공운송서류는 전운송이 하나의 동일한 선화증권에 의하여 커버된다면 물품이 환적될 것이라거나 또는 환적될 수 있다고 표시할 수 있다.

ⅱ. 신용장이 환적을 금지하고 있는 경우에도, 환적이 행하여 질 것이라거나 또는 행하여 질 수 있다고 표시하는 운송서류는 수리될 수 있다.

Article 24 Road, Rail or Inland Waterway Transport Documents

a. A road, rail or inland waterway transport document, however named, must appear
to:

ⅰ. indicate the name of the carrier and:

· be signed by the carrier or a named agent for or on behalf of the carrier, or

· indicate receipt of the goods by signature, stamp or notation by the carrier or a named agent for or on behalf of the carrier.

Any signature, stamp or notation of receipt of the goods by the carrier or agent must be identified as that of the carrier or agent.

Any signature, stamp or notation of receipt of the goods by the agent must indicate that the agent has signed or acted for or on behalf of the carrier.

If a rail transport document does not identify the carrier, any signature or stamp of the railway company will be accepted as evidence of the document being signed by the carrier.

ii. indicate the date of shipment or the date the goods have been received for shipment, dispatch or carriage at the place stated in the credit. Unless the transport document contains a dated reception stamp, an indication of the date of

receipt or a date of shipment, the date of issuance of the transport document will be deemed to be the date of shipment.

iii. indicate the place of shipment and the place of destination stated in the credit.

b. i. A road transport document must appear to be the original for consignor or shipper or bear no marking indicating for whom the document has been prepared.

ii. A rail transport document marked "duplicate" will be accepted as an original.

iii. A rail or inland waterway transport document will be accepted as an original whether marked as an original or not.

c. In the absence of an indication on the transport document as to the number of originals issued, the number presented will be deemed to constitute a full set.

d. For the purpose of this article, transhipment means unloading from one means of conveyance and reloading to another means of conveyance, within the same mode of transport, during the carriage from the place of shipment, dispatch or carriage to the place of destination stated in the credit.

e. i. A road, rail or inland waterway transport document may indicate that the goods will or may be transhipped provided that the entire carriage is covered by one and the same transport document.

ii. A road, rail or inland waterway transport document indicating that transhipment will or may take place is acceptable, even if the credit prohibits transhipment.

제24조 도로, 철도 또는 내수로 운송서류

a. 도로, 철도 또는 내수로 운송서류는 그 명칭에 관계없이 다음과 같이 보여야 한다:

i. 운송인의 명칭을 표시하고 있는 것 그리고:

· 운송인 또는 운송인을 위한 또는 운송인을 대리하는 지정대리인에 의하여 서명된 것, 또는

· 운송인 또는 운송인을 위한 또는 운송인을 대리하는 지정대리인에 의하여 행하여진 서명, 스탬프 또는 부기에 의하여 물품의 수령을 표시하고 있는 것.

물품수령에 관한 운송인 또는 대리인에 의한 모든 서명, 스탬프 또는 부기는 운송인 또는 대리인의 것이라는 것을 확인하고 있어야 한다.

물품의 수령에 관한 대리인에 의한 모든 서명 스탬프 또는 표기는 그 대리인이, 운송인을 위하여 또는 운송인을 대리하여 서명 또는 행동한 것을 표시하여야 한다.

철도운송서류가 운송인을 확인하지 아니한 경우, 철도회사의 모든 서명 또는 스탬프는 운송인에 의하여 서명되어 있는 서류의 증거로서 수리된다.

ii. 신용장에 명시된 장소에서 선적일 또는 물품이 선적, 발송 또는 운송을 위하여 수령된 일자를 표시한 것. 운송서류가 일자 표시된 수령스탬프, 수령일 또는 선적일의 표시가 포함하고 있지 아니하는 한, 운송서류의 발행일은 선적일로 본다.

iii. 신용장에 명시된 선적지 및 목적지를 표시하고 있는 것.

b. i. 도로운송서류는 탁송인 또는 송화인용 원본인 것으로 보여야 하거나 또는 그 서류가 누구를 위하여 작성되었는지를 표시하는 표시도 없는 것으로 보여야 한다.

ii. "부본"이라고 표시된 철도운송서류는 원본으로서 수리된다.

iii. 철도 또는 내수로 운송서류는 원본이라는 표시 여부에 관계없이 원본으로서 수리된다.

c. 발행된 원본 통수에 관하여 운송서류상에 표시가 없는 경우, 제시된 통수는 전통을 구성하는 것으로 본다.

d. 본 조를 위하여, 환적이라 함은 신용장에 명시된 선적, 발송 또는 운송지로부터 목적지까지의 동일한 운송방식 내에서 한 운송수단으로부터 양화 및 다른 운송수단으로 재적재하는 것을 말한다.

e. ⅰ. 도로, 철도 또는 내수로 운송서류는 전운송이 하나의 동일한 운송서류에 의하여 커버된다면 물품이 환적될 것이라거나 또는 환적될 수 있다고 표시할 수 있다.

ⅱ. 신용장이 환적을 금지하고 있는 경우에도, 환적이 행하여 질 것이라거나 또는 행하여 질 수 있다고 표시하는 도로, 철도 또는 내수로 운송서류는 수리될 수 있다.

Article 25 Courier Receipt, Post Receipt or Certificate of Posting

a. A courier receipt, however named, evidencing receipt of goods for transport, must appear to:

ⅰ. indicate the name of the courier service and be stamped or signed by the named courier service at the place from which the credit states the goods are to be shipped; and

ⅱ. indicate a date of pick-up or of receipt or wording to this effect. This date will be deemed to be the date of shipment.

b. A requirement that courier charges are to be paid or prepaid may be satisfied by a transport document issued by a courier service evidencing that courier charges are for the account of a party other than the consignee.

c. A post receipt or certificate of posting, however named, evidencing receipt of goods for transport, must appear to be stamped or signed and dated at the place from which the credit states the goods are to be shipped. This date will be deemed to be the date of shipment.

제25조 특사수령증, 우편수령증 또는 우송증명서

a. 운송물품의 수령을 증명하는 특사수령증은 그 명칭에 관계없이 다음과 같이 보여야 한다:

  i. 특사업자의 명칭을 표시하고, 신용장에 물품이 선적되어야 한다고 명시하고 있는 장소에서 지정된 특사업자에 의하여 스탬프 또는 서명된 것; 그리고

  ii. 접수일 또는 수령일 또는 이러한 취지의 문언을 표시하고 있는 것. 이 일자는 선적일로 본다.

b. 특사배달료가 지급 또는 선지급되어야 한다는 요건은 특사배달료가 수화인 이외의 당사자의 부담임을 증명하는 특사업자에 의하여 발행된 운송서류에 의하여 충족될 수 있다.

c. 운송물품의 수령을 증명하는 우편수령증 또는 우송증명서는 그 명칭에 관계없이 신용장에서 물품이 선적되어야 한다고 명시하고 있는 장소에서 스탬프 또는 서명되고 일자가 기재되는 것으로 보여야 한다. 이 일자는 선적일로 본다.

Article 26 "On Deck", "Shipper's Load and Count", "Said by Shipper to Contain" and Charges Additional to Freight

a. A transport document must not indicate that the goods are or will be loaded on deck. A clause on a transport document stating that the goods may be loaded on deck is acceptable.

b. A transport document bearing a clause such as "shipper's load and count" and "said by shipper to contain" is acceptable.

c. A transport document may bear a reference, by stamp or otherwise, to charges additional to the freight.

제26조 "갑판적", "송화인의 적재 및 계수", "송화인의 내용물 신고" 및 운임에 대한 추가비용

a. 운송서류는 물품이 갑판에 적재되거나 또는 될 것이라고 표시하여서는 아니 된다. 물품이 갑판에 적재될 수도 있음을 명시하고 있는 운송서류상의 조항은 수리될 수 있다.

b. "송화인의 적재 및 계수" 및 "송화인의 내용물 신고에 따름"과 같은 조항이 있는 운송서류는 수리될 수 있다.

c. 운송서류는 스탬프 또는 다른 방법으로 운임에 추가된 비용에 대한 참조사항을 나타낼 수 있다.

Article 27 Clean Transport Document

A bank will only accept a clean transport document. A clean transport document is one bearing no clause or notation expressly declaring a defective condition of the goods or their packaging. The word "clean" need not appear on a transport document, even if a credit has a requirement for that transport document to be "clean on board".

제27조 무사고 운송서류

은행은 무사고 운송서류만을 수리한다. 무사고 운송서류는 물품 또는 포장의 하자상태를 명시적으로 표시하는 조항 또는 부기가 없는 운송서류를 말한다. 신용장이 운송서류가 "무사고본선선적"이어야 한다는 요건을 포함하는 경우일지라도, "무사고"라는 단어는 운송서류상에 보일 필요가 없다.

Article 28 Insurance Document and Coverage

a. An insurance document, such as an insurance policy, an insurance certificate or a declaration under an open cover, must appear to be issued and signed by an insurance company, an underwriter or their agents or their proxies.
Any signature by an agent or proxy must indicate whether the agent or proxy has signed for or on behalf of the insurance company or underwriter.

b. When the insurance document indicates that it has been issued in more than one original, all originals must be presented.

c. Cover notes will not be accepted.

d. An insurance policy is acceptable in lieu of an insurance certificate or a declaration under an open cover.

e. The date of the insurance document must be no later than the date of shipment, unless it appears from the insurance document that the cover is effective from a date not later than the date of shipment.

f. i. The insurance document must indicate the amount of insurance coverage and be in the same currency as the credit.

ii. A requirement in the credit for insurance coverage to be for a percentage of the value of the goods, of the invoice value or similar is deemed to be the minimum amount of coverage required.

If there is no indication in the credit of the insurance coverage required, the amount of insurance coverage must be at least 110% of the CIF or CIP value of the goods.

When the CIF or CIP value cannot be determined from the documents, the amount of insurance coverage must be calculated on the basis of the amount for which honour or negotiation is requested or the gross value of the goods as shown on the invoice, whichever is greater.

iii. The insurance document must indicate that risks are covered at least between the place of taking in charge or shipment and the place of discharge or final destination as stated in the credit.

g. A credit should state the type of insurance required and, if any, the additional risks to be covered. An insurance document will be accepted without regard to any risks that are not covered if the credit uses imprecise terms such as "usual risks" or "customary risks".

h. When a credit requires insurance against "all risks" and an insurance document is presented containing any "all risks" notation or clause, whether or not bearing the heading "all risks", the insurance document will be accepted without regard to any risks stated to be excluded.

i. An insurance document may contain reference to any exclusion clause.

j. An insurance document may indicate that the cover is subject to a franchise or excess (deductible).

제28조 보험서류 및 담보범위

a. 보험증권, 포괄예정보험에 의한 보험증명서 또는 통지서와 같은 보험서류는 보험회사, 보험업자 또는 그들의 대리인 또는 그들의 대리업자에 의하여 발행되고 서명된 것으로 보여야 한다. 대리인 또는 대리업자에 의한 모든 서명은 그 대리인 또는 대리업자가 보험회사 또는 보험업자를 위하여 또는 그들을 대리하여 서명하였는지 여부를 표시하여야 한다.

b. 보험서류가 2통 이상의 원본으로 발행되었다고 표시하는 경우, 모든 원본은 제시되어야 한다.

c. 보험인수증은 수리되지 아니한다.

d. 보험증권은 포괄예정보험에 의한 보험증명서 또는 통지서를 대신하여 수리가능하다.

e. 보험서류에서 담보가 선적일보다 늦지 않은 일자로부터 유효하다고 보이지 아니하는 한,
보험서류의 일자는 선적일보다 늦어서는 아니 된다.

f. i. 보험서류는 보험담보의 금액을 표시하여야 하고 신용장과 동일한 통화이어야 한다.

ii. 보험담보가 물품가액 또는 송장가액 등의 비율이어야 한다는 신용장상의 요건은 요구되는 최소담보금액으로 본다.
요구된 보험담보에 관하여 신용장에 아무런 표시가 없는 경우, 보험담보금액은 최소한 물품의 CIF 또는 CIP 가격의 110%이어야 한다.
서류로부터 CIF 또는 CIP 가격이 결정될 수 없는 경우, 보험담보금액은 인수·지급 또는 매입이 요청되는 금액 또는 송장에 표시된 물품의 총가액 중 더 큰 금액을 기초로 하여 산정되어야 한다.

iii. 보험서류는 적어도 위험이 신용장에 명시된 바와 같이 수탁지 또는 선적지와 양륙지 또는 최종목적지간에 담보하고 있음을 표시하여야 한다.

g. 신용장은 요구되는 보험의 종류를 명시하여야 하고, 부보되어야 하는 부가위험이 (있는 경우)도 명시하여야 한다. 신용장이 "통상적 위험" 또는 "관습적 위험"과 같은 부정확한 용어를 사용하는 경우, 보험서류는 부보되지 아니한 모든 위험과 관계없이 수리된다.

h. 신용장이 "전위험"에 대한 보험을 요구하는 경우, "전위험"이라는 표제를 기재하고 있는지의 여부와 관계없이 "전위험"의 표기 또는 조항을 포함하고 있는 보험서류가 제시된 경우, 그 보험서류는 제외되어야 한다고 명시된 모든 위험에 관계없이 수리된다.

i. 보험서류는 모든 제외조항의 참조를 포함할 수 있다.

j. 보험서류는 담보가 소손해면책율 또는 초과(공제)면책율을 조건으로 한다는 것을 표시할 수 있다.

Article 29 Extension of Expiry Date or Last Day for Presentation

a. If the expiry date of a credit or the last day for presentation falls on a day when the bank to which presentation is to be made is closed for reasons other than those referred to in article 36, the expiry date or the last day for presentation, as the case may be, will be extended to the first following banking day.

b. If presentation is made on the first following banking day, a nominated bank must provide the issuing bank or confirming bank with a statement on its covering schedule that the presentation was made within the time limits extended in accordance with sub-article 29 (a).

c. The latest date for shipment will not be extended as a result of sub-article 29(a).

제29조 유효기일 또는 제시를 위한 최종일의 연장

a. 신용장의 유효기일 또는 제시를 위한 최종일이 제36조에 언급된 사유 외의 이유로 제시를 받아야 하는 은행이 영업을 하지 아니하는 날인 경우, 유효기일 또는 제시를 위한 최종일은 경우에 따라 그 다음 첫 은행영업일까지 연장된다.

b. 제시가 그 다음 첫 은행영업일에 이루어지는 경우, 지정은행은 발행은행 또는 확인은행에게 제시가 제29조 a항에 따라 연장된 기간 내에 이루어졌음을 표지서류상에 설명과 함께 제공하여야 한다.

c. 선적을 위한 최종일은 제29조 a항의 결과로서 연장되지 아니한다.

Article 30 Tolerance in Credit Amount, Quantity and Unit Prices

a. The words "about" or "approximately" used in connection with the amount of the credit or the quantity or the unit price stated in the credit are to be construed as allowing a tolerance not to exceed 10% more or 10% less than the amount, the quantity or the unit price to which they refer.

b. A tolerance not to exceed 5% more or 5% less than the quantity of the goods is allowed, provided the credit does not state the quantity in terms of a stipulated number of packing units or individual items and the total amount of the drawings does not exceed the amount of the credit.

c. Even when partial shipments are not allowed, a tolerance not to exceed 5% less than the amount of the credit is allowed, provided that the quantity of the goods, if stated in the credit, is shipped in full and a unit price, if stated in the credit, is not reduced or that sub-article 30 (b) is not applicable. This tolerance does not apply when the credit stipulates a specific tolerance or uses the expressions referred to in sub-article 30 (a).

제30조 신용장금액, 수량 및 단가의 과부족 허용

a. 신용장에 명시된 신용장의 금액 또는 수량 또는 단가와 관련하여 사용된 "약" 또는 "대략" 이라는 단어는 이에 언급된 금액, 수량 또는 단가의 10%를 초과하지 아니하는 과부족 을 허용하는 것으로 해석된다.

b. 신용장이 수량을 규정된 포장단위 또는 개별 품목의 개수로 명시하지 아니하고 어음발행 총액이 신용장금액을 초과하지 아니하는 경우, 물품수량은 5%를 초과하지 아니하는 범위 내에서 과부족이 허용된다.

c. 물품의 수량이 신용장에 명시된 경우 전량 선적되고 단가는 신용장에 명시된 경우 감액되지 아니한 때, 또는 제30조 b항이 적용될 수 없을 때에는, 분할선적이 허용되지 아니하는 경우에도, 신용장금액의 5%를 초과하지 아니하는 과부족은 허용된다. 이 과부족은 신용장이 특정 과부족을 규정하거나 또는 제30조 a항에 언급된 표현을 사용하는 경우에는 적용되지 아니한다.

Article 31 Partial Drawings or Shipments

a. Partial drawings or shipments are allowed.

b. A presentation consisting of more than one set of transport documents evidencing shipment commencing on the same means of conveyance and for the same journey, provided they indicate the same destination, will not be regarded as covering a partial shipment, even if they indicate different dates of shipment or different ports of loading, places of taking in charge or dispatch. If the presentation consists of more than one set of transport documents, the latest date of shipment as evidenced on any of the sets of transport documents will be regarded as the date of shipment.

A presentation consisting of one or more sets of transport documents evidencing shipment on more than one means of conveyance within the same mode of transport will be regarded as covering a partial shipment, even if the means of conveyance leave on the same day for the same destination.

c. A presentation consisting of more than one courier receipt, post receipt or certificate of posting will not be regarded as a partial shipment if the courier receipts, post receipts or certificates of posting appear to have been stamped or signed by the same courier or postal service at the same place and date and for the same destination.

제31조 분할어음발행 또는 선적

a. 분할어음발행 또는 분할선적은 허용된다.

b. 동일한 운송수단으로 개시되고 동일한 운송구간을 위한 선적을 증명하는 2세트 이상의 운송서류를 구성하는 제시는, 운송서류가 동일한 목적지를 표시하고 있는 한 서류가 상이한 선적일 또는 상이한 적재항, 수탁지 또는 발송지를 표시하더라도 분할선적으로 보지 아니한다. 그 제시가 2세트 이상의 운송서류를 구성하는 경우에는, 운송서류의 어느 한 세트에 증명된 대로 최종선적일은 선적일로 본다. 동일한 운송방식에서 2 이상의 운송수단상의 선적을 증명하는 하나 또는 2세트 이상의 운송서류를 구성하는 제시는 그 운송수단이 동일한 일자에 동일한 목적지를 향하여 출발하는 경우에도 분할선적으로 본다.

c. 2 이상의 특사수령증, 우편수령증 또는 우송증명서로 구성하는 제시는 그 특사수령증, 우편수령증 또는 우송증명서가 동일한 장소 및 일자 그리고 동일한 목적지를 위하여 동일한 특사업자 또는 우편서비스에 의하여 스탬프 또는 서명된 것으로 보이는 경우에는 분할선적으로 보지 아니한다.

Article 32 Instalment Drawings or Shipments

If a drawing or shipment by instalments within given periods is stipulated in the credit and any instalment is not drawn or shipped within the period allowed for that instalment, the credit ceases to be available for that and any subsequent instalment.

제32조 할부어음발행 또는 선적

신용장에서 일정기간 내에 할부에 의한 어음발행 또는 선적이 명시되어 있는 경우 어떠한 할부분이 할부분을 위하여 허용된 기간 내에 어음발행 또는 선적되지 아니하였다면, 그 신용장은 해당 할부분과 이후의 모든 할부분에 대하여 효력을 상실한다.

Article 33 Hours of Presentation

A bank has no obligation to accept a presentation outside of its banking hours.

제33조 제시시간

은행은 자신의 은행영업시간 외의 제시를 수리할 의무가 없다.

Article 34 Disclaimer on Effectiveness of Documents

A bank assumes no liability or responsibility for the form, sufficiency, accuracy, genuineness, falsification or legal effect of any document, or for the general or particular conditions stipulated in a document or superimposed thereon; nor does it assume any liability or responsibility for the description, quantity, weight, quality, condition, packing, delivery, value or existence of the goods, services or other performance represented by any document, or for the goods faith or acts or omissions, solvency, performance or standing of the consignor, the carrier, the forwarder, the consignee or the insurer of the goods or any other person.

제34조 서류효력에 대한 면책

은행은 모든 서류의 형식, 충분성, 정확성, 진정성, 위조 또는 법적 효력에 대하여, 또는 서류상에 규정되거나 또는 이에 부기된 일반조건 또는 특별조건 에 대하여 어떠한 의무 또는 책임을 부담하지 아니하며; 또한 은행은 모든 서류에 표시되어 있는 물품의 명세, 서비스 또는 기타 이행의 명세, 수량, 중량, 품질, 상태, 포장, 인도, 가치 또는 존재에 대하여, 또는 물품의 송화인, 운송인, 운송주선인, 수화인 또는 보험자, 또는 기타 당사자의 성실성 또는 작위 또는 부작위, 지급능력, 이행 또는 신용상태에 대하여 아무런 의무 또는 책임을 부담하지 아니한다.

Article 35 Disclaimer on Transmission and Translation

A bank assumes no liability or responsibility for the consequences arising out of delay, loss in transit, mutilation or other errors arising in the transmission of any messages or delivery of letters or documents, when such messages, letters or documents are transmitted or sent according to the requirements stated in the credit, or when the bank may have taken the initiative in the choice of the delivery service in the absence of such instructions in the credit.

If a nominated bank determines that a presentation is complying and forwards the documents to the issuing bank or confirming bank, whether or not the nominated bank has honoured or negotiated, and issuing bank or confirming bank must honour or negotiate, or reimburse that nominated bank, even when the documents have been lost in transit between the nominated bank and the issuing bank or confirming bank, or between the confirming bank and the issuing bank.
A bank assumes no liability or responsibility for errors in translation or interpretation of technical terms and may transmit credit terms without translating them.

제35조 송달 및 번역에 대한 면책

은행은 모든 통신, 서신 또는 서류가 신용장에 명시된 요건에 따라 송달 또는 송부된 경우, 또는 은행이 신용장에 그러한 지시가 없으므로 인도서비스의 선택에 있어서 주도적 역할을 하였다 하더라도, 은행은 그러한 통신의 송달 또는 서신이나 서류의 인도 중 지연, 분실, 훼손 또는 기타 오류로 인하여 발생하는 결과에 대하여 아무런 의무 또는 책임을 부담하지 아니한다. 지정은행이 제시가 일치하는 것으로 결정하고 그 서류를 발행은행 또는 확인은행에 발송하는 경우, 서류가 지정은행과 발행은행 또는 확인은행간, 또는 확인은행과 발행은행간 송달 중에 분실된 경우라 하더라도, 지정은행이 인수·지급 또는 매입하였는지의 여부에 관계없이, 발행은행 또는 확인은행은 인수·지급 또는 매입하거나, 또는 그 지정은행에 상환하여야 한다. 은행은 전문용어의 번역 또는 해석상의 오류에 대하여 아무런 의무 또는 책임을 부담하지 아니하며 신용장의 용어를 번역함이 없이 그를 송달할 수 있다.

Article 36 Force Majeure

A bank assumes no liability or responsibility for the consequences arising out of the interruption of its business by Acts of God, riots, civil commotions, insurrections, wars, acts of terrorism, or by any strikes or lockouts or any other causes beyond its control.

A bank will not, upon resumption of its business, honour or negotiate under a credit that expired during such interruption of its business.

제36조 불가항력

은행은 천재, 폭동, 소요, 반란, 전쟁, 테러행위에 의하거나 또는 동맹파업 또는 직장폐쇄에 의하거나 또는 기타 은행이 통제할 수 없는 원인에 의한 은행업무가 중단됨으로 인하여 발생하는 결과에 대하여 아무런 의무 또는 책임을 부담하지 아니한다.

은행은 업무가 재개되어도 업무중단 동안에 유효기일이 경과된 신용장에 의한 인수·지급 또는 매입을 행하지 아니한다.

Article 37 Disclaimer for Acts of an Instructed Party

a. A bank utilizing the services of another bank for the purpose of giving effect to the instructions of the applicant does so for the account and at the risk of the applicant.

b. An issuing bank or advising bank assumes no liability or responsibility should the instructions it transmits to another bank not be carried out, even if it has taken the initiative in the choice of that other bank.

c. A bank instructing another bank to perform services is liable for any commissions, fees, costs or expenses ("charges") incurred by that bank in connection with its instruction.

If a credit states that charges are for the account of the beneficiary and charges cannot be collected or deducted from proceed, the issuing bank remains liable for payment of charges.

A credit or amendment should not stipulate that the advising to a beneficiary is conditional upon the receipt by the advising bank or second advising bank of its charges.

d. The applicant shall be bound by and liable to indemnify a bank against all obligations and responsibilities imposed by foreign laws and usages.

제37조 피지시인의 행위에 대한 면책

a. 발행의뢰인의 지시를 이행하기 위하여 타 은행의 서비스를 이용하는 은행은 발행의뢰인의 비용과 위험으로 이를 이행한다.

b. 발행은행 또는 통지은행이 타은행의 선택에 있어서 주도적 역할을 하였다 하더라도, 그 은행이 타은행에게 전달한 지시가 이행되지 아니하는 경우, 발행은행 또는 통지은행은 아무런 의무 또는 책임을 부담하지 아니한다.

c. 타은행에게 서비스를 이행하도록 지시하는 은행은 그 지시와 관련하여 타은행이 부담한 모든 수수료, 요금, 비용 또는 경비("비용")에 대하여 부담하는 의무를 진다. 신용장에 비용이 수익자의 부담이라고 명시하고 있고 그 비용이 대금으로부터 징수 또는 공제될 수 없는 경우, 발행은행은 비용지급에 대하여 부담하는 의무를 진다. 신용장 또는 조건변경은 수익자에 대한 통지가 통지은행 또는 제2통지은행이 자신의 비용을 수령하는 조건으로 한다고 규정하여서는 아니 된다.

d. 발행의뢰인은 외국의 법률 및 관행에 의하여 부과되는 모든 의무와 책임에 구속되며 이에 대하여 은행에게 보상할 책임이 있다.

Article 38 Transferable Credits

a. A bank is under no obligation to transfer a credit except to the extent and in the manner expressly consented to by that bank.

b. For the purpose of this article:
Transferable credit means a credit that specifically states it is "transferable". A transferable credit may be made available in whole or in part to another beneficiary("second beneficiary") at the request of the beneficiary ("first beneficiary").
Transferring bank means a nominated bank that transfers the credit or, in a credit available with any bank, a bank that is specifically authorized by the issuing bank to transfer and that transfers the credit. An issuing bank may be a transferring bank. Transferred credit means a credit that has been made available by the transferring bank to a second beneficiary.

c. Unless otherwise agreed at the time of transfer, all charges (such as commissions, fees, costs or expenses) incurred in respect of a transfer must be paid by the first beneficiary.

d. A credit may be transferred in part to more than one second beneficiary provided partial drawings or shipments are allowed.
A transferred credit cannot be transferred at the request of a second beneficiary to any subsequent beneficiary. The first beneficiary is not considered to be a subsequent beneficiary.

e. Any request for transfer must indicate if and under what conditions amendments may be advised to the second beneficiary. The transferred credit must clearly indicate those conditions.

f. If a credit is transferred to more than one second beneficiary, rejection of an amendment by one or more second beneficiary does not invalidate the acceptance by any other second beneficiary, with respect to which the transferred credit will be amended accordingly. For any second beneficiary that rejected the amendment, the transferred credit will remain unamended.

g. The transferred credit must accurately reflect the terms and conditions of the credit, including confirmation, if any, with the exception of:
- the amount of the credit,
- any unit price stated therein,
- the expiry date,
- the period for presentation, or
- the latest shipment date or given period for shipment,

any or all of which may be reduced or curtailed.

The percentage for which insurance cover must be effected may be increased to provide the amount of cover stipulated in the credit or these articles.

The name of the first beneficiary may be substituted for that of the applicant in the credit.

If the name of the applicant is specifically required by the credit to appear in any document other than the invoice, such requirement must be reflected in the transferred credit.

h. The first beneficiary has the right to substitute its own invoice and draft, if any, for those of a second beneficiary for an amount not in excess of that stipulated in the credit, and upon such substitution the first beneficiary can draw under the credit for the difference, if any, between its invoice and the invoice of a second beneficiary

i. If the first beneficiary is to present its own invoice and draft, if any, but fails to do so on first demand, or if the invoices presented by the first beneficiary create discrepancies that did not exist in the presentation made by the second beneficiary and the first beneficiary fails to correct them on first demand, the transferring bank has the right to present the documents as received from the second beneficiary to the issuing bank, without further responsibility to the first beneficiary.

j. The first beneficiary may, in its request for transfer, indicate that honour or negotiation is to be effected to a second beneficiary at the place to which the credit has been transferred, up to and including the expiry date of the credit. This is without prejudice to the right of the first beneficiary in accordance with sub-article 38 (h).

k. Presentation of documents by or on behalf of a second beneficiary must be made to the transferring bank.

제38조 양도가능신용장

a. 은행은 동 은행이 명시적으로 동의한 범위 및 방법에 의한 경우를 제외하고 신용장을 양도할 의무를 부담하지 아니한다.

b. 본 조항을 위하여:
양도가능신용장이라 함은 "양도가능"이라고 특별히 명시하고 있는 신용장을 말한다. 양도가능신용장은 수익자("제1수익자")의 요청에 의하여 전부 또는 일부가 다른 수익자("제2수익자")에게 사용가능하게 할 수 있다. 양도은행이라 함은 신용장을 양도하는 지정은행 또는, 모든 은행에서 사용될 수 있는 신용장에서, 발행은행에 의하여 양도하도록 특별히 수권되어 신용장을 양도하는 은행을 말한다. 발행은행은 양도은행이 될 수 있다. 양도된 신용장이라 함은 양도은행이 제2수익자가 사용할 수 있도록 한 신용장을 말한다.

c. 양도를 이행할 때에 별도의 합의가 없는 한, 양도와 관련하여 부담한 모든 비용(수수료, 요금, 비용, 경비 등)은 제1수익자가 지급하여야 한다.

d. 분할어음발행 또는 분할선적이 허용되는 경우 신용장은 2인 이상의 제2수익자에게 분할양도 될 수 있다. 양도된 신용장은 제2수익자의 요청에

의하여 이후의 어떠한 수익자에게도 양도될 수 없다. 제1수익자는 이후의 수익자로 보지 아니한다.

e. 양도를 위한 모든 요청은 조건변경이 제2수익자에게 통지될 수 있는지 여부 및 어떤 조건 하에 통지될 수 있는지를 표시하여야 한다. 양도된 신용장은 그러한 조건을 명확하게 표시하여야 한다.

f. 신용장이 2인 이상의 제2수익자에게 양도된 경우, 1인 또는 2인 이상의 제2수익자가 조건변경을 거절한다하더라도 양도된 신용장이 조건변경되어지는 기타 모든 제2수익자에 의한 승낙이 무효화되지는 아니한다. 조건변경을 거절한 제2수익자에 대하여는, 양도된 신용장은 조건변경 없이 존속한다.

g. 양도된 신용장은 다음의 경우를 제외하고 확인(있는 경우)을 포함하여 신용장의 조건을 정확히 반영하여야 한다 :
- 신용장의 금액,
- 신용장에 명시된 단가,
- 유효기일,
- 제시를 위한 기간, 또는
- 최종선적일 또는 주어진 선적기간,

이들 중의 일부 또는 전부는 감액되거나 또는 단축될 수 있다.
보험부보가 이행되어야 하는 비율은 신용장 또는 이 규칙에서 규정된 부보금액을 충족시킬 수 있도록 증가될 수 있다.
제1수익자의 명의는 신용장의 발행의뢰인의 명의로 대체될 수 있다.
발행의뢰인의 명의가 송장 이외의 모든 서류에 표시되도록 신용장에 의하여 특별히 요구되는 경우, 그러한 요건은 양도된 신용장에 반영되어야 한다.

h. 제1수익자는 신용장에 규정된 금액을 초과하지 아니하는 금액에 대하여 제2수익자의 송장 및 환어음을 자신의 송장 및 환어음(있는 경우)으로 대체할 권리를 가지고 있으며, 그러한 대체를 하는 경우, 제1수익자는 자신의 송장과 제2수익자의 송장과의 차액에 대하여 신용장에 따라 어음을 발행할 수 있다.

i. 제1수익자가 그 자신의 송장 및 환어음(있는 경우)을 제공하여야 하지만 최초의 요구 시에 이를 행하지 못한 경우, 또는 제1수익자가 제시한 송장이 제2수익자가 제시한 서류에는 없었던 불일치를 발생시키고 제1수익자가 최초의 요구 시에 이를 정정하지 못한 경우, 양도은행은 제1수익자에 대하여 더 이상의 책임 없이 제2수익자로부터 수령한 서류를 발행은행에게 제시할 권리를 가진다.

j. 제1수익자는 자신의 양도요청으로 신용장이 양도된 장소에서 용장의 유효기일을 포함한 기일까지 제2수익자에게 인수·지급 또는 매입이 이루어져야 한다는 것을 표시할 수 있다. 이는 제38조 h항에 따른 제1수익자의 권리를 침해하지 아니한다.

k. 제2수익자에 의한 또는 대리하는 서류의 제시는 양도은행에 이루어져야 한다.

Article 39 Assignment of Proceeds

The fact that a credit is not stated to be transferable shall not effect the right of the beneficiary to assign any proceeds to which it may be or may become entitled under the credit, in accordance with the provisions of applicable law. This article relates only to the assignment of proceeds and not to the assignment of the right to perform under the credit.

제39조 대금의 양도

신용장이 양도 가능한 것으로 명시되어 있지 아니하다는 사실은 적용 가능한 법률의 규정에 따라 그러한 신용장에 의하여 수권되거나, 또는 될 수 있는 대금을 양도하는 수익자의 권리에 영향을 미치지 아니한다. 본 조는 단지 대금의 양도에 관련이 있으며 신용장에 따라 이행할 권리의 양도에 관한 것은 아니다.

참고문헌 REFERENCES

■ 국내문헌

강원진, 「신용장론」, 박영사, 2007.

강태구 · 김태기 · 박복재, 「무역학개론」, 무역경영사, 2012.

박광서 외 1인, 「무역실무」, 한국무역협회, 2012.

박대위, 「무역영어」, 법문사, 2007.

박대위 · 구종순, 「무역개론」, 유원북스, 2012.

박복재, 「무역상무론」, 전남대출판부, 2014.

박복재, 「무역영어」, 전남대출판부, 2013.

송　면 · 김천식, 「최신무역영어」, 박영사, 1995.

이대우 · 양의동, 「신용장론」, 두남, 2014.

오세창 · 조현정 · 박성호, 「Incoterms 2010 무역실무적 해설」, 두남, 2013.

전창원, 「도해무역실무」, 무역연구원, 2002.

한국무역상무학회, 제6차 개정 신용장통일규칙 주석, 삼영사, 2011.

■ 일본문헌

朝岡良平, 「國際商務論の諸問題」, 同文舘, 1998.

朝岡良平, 「貿易賣買と商慣習」, 東京布井出版, 1981.

椿弘次, 「貿易實務」, 日本經濟新聞社, 2001.

新堀聰, 「現代貿易賣買」, 同文舘, 2001.

新堀總, 「貿易取引の理論と実践」, 三嶺書房, 1993.

新堀總, 「実践 貿易取引」, 日本経済新聞社, 1998.

町井靖, 「ビズネス 英語」, 創成社, 2003.

藤田榮一, 「貿易去來の實務と英語」, 實務教育出版, 2001.

羽田三郎, 「貿易の英語」, 森北出版株式會社, 2001.

石田貞夫, 「貿易去來」, 學文社, 1997.

來住哲二, 「基本貿易實務」, 同文館, 2001.

八尾 晃, 「貿易・金融の電子取引」, 東京経済情報出版, 2001.

■ 구미문헌

Harvey R. Shoemack, *Essentials of Exporting and Importing*, Fairchild Pubns, 2009.

Kenneth D. Weiss, *Building an Import / Export Business*, 4th ed., John Wiley & Sons, Inc., 2007.

Maritza Manresa, *How to Open & Operate a Financially Successful Import Export Business*, Atlantic Publishing Group Inc., 2010.

Pierre A. David, *International Logistics: The Management of International Trade Operations*, 4th ed., Cicero Books, 2013.

Schmittoff, Clive M., *Export Trade*. 10th ed., Stevens & Sons, 2000.

Thomas A. Cook, *Mastering Import & Export Management*, 2nd edition, AMACOM, 2012.

Thomas E. Johnson, *Export / Import Procedures and Documentation*, AMACOM, 2010.

■ 국제무역법규

CMI, *CMI Rules for Electronic Bills of Lading*, 1990.

I.C.C., *Incoterms® 2010*, ICC Publication No. 715E, 2010.

I.C.C., *Uniform Customs and Practice foe Documentary Credit*, No. 600, 2007.

찾아보기 INDEX

ㅅ

ㅇ

ㅈ

ㅊ

저자약력

박복재(朴福在)

전남대학교 대학원 무역학과(경영학석사, 박사)
일본와세다(早稻田)대학 상학연구과 연구원
University of Colorado at Boulder 객원교수
한국국제상학회 부회장
한국통상정보학회 부회장
한국무역학회 이사
전남대학교 문화사회과학대학 학장
현, 전남대학교 경상학부 국제통상학전공 교수

저서 및 논문

무역상무론(전남대학교출판부, 2014)
무역영어(전남대학교출판부, 2013)
무역학개론(공저, 무역경영사, 2012)
도시브랜드마케팅(공저, 전남대학교출판부, 2011)
"메가이벤트 전후 개최지역에 미치는 효과에 관한 동태적 분석", 통상정보연구, 2015.
"우리나라 환경산업의 무역구조와 국제경쟁력에 관한 연구", 통상정보연구, 2013.
"디지털 콘텐츠 교역의 확산이 조세수입에 미치는 영향에 관한 국가 간 비교 연구", 전자무역연구, 2012.
"미국 · EU시장에서 아시아 경쟁국가와의 디지털재화 경쟁구조 분석", 국제상학, 2011.
"주요 FTA 상대국과의 디지털제품 국제경쟁력 분석", 통상정보연구, 2011.

무역대금결제론

인 쇄 | 2015년 3월 25일
발 행 | 2015년 3월 30일

저 자 | 박복재
발행인 | 지병문
발행처 | 전남대학교출판부

등 록 | 1981. 5. 21. 제53호
주 소 | 500-757 광주광역시 북구 용봉로 77
전 화 | (062) 530-0571~2 **마케팅 |** 530-0573
팩 스 | (062) 530-0579
홈페이지 | http://www.cnup.co.kr
이메일 | cnup0571@hanmail.net

값 13,000원

ISBN 978-89-6849-206-8 (93320)

이 도서의 국립중앙도서관 출판예정도서목록(CIP)은 e-CIP홈페이지(http://www.nl.go.kr/ecip)와
국가자료공동목록시스템(http://www.nl.go.kr/kolisnet)에서 이용하실 수 있습니다.
(CIP제어번호: CIP2015013308)